Schauen und Wissen!

Gerswid Schöndorf

Die Hecke

Kopiervorlagen und Materialien für die 1. und 2. Klasse

Hase und Igel®

Inhalt

www.hase-und-igel.de
Lektorat: Sibylle Krämer
Satz: Appel Grafik München GmbH
Illustrationen: Petra Dorkenwald, Christine Faltermayr, Hendrik Kranenberg
Coverfoto: © iStockfoto – greir

ISBN 978-3-86760-945-6
3. Auflage 2022

Vorwort

Neben gepflegten grünen Gartenhecken, die aus Hainbuche, Buchsbaum oder Thuja bestehen, gibt es auch noch die wilden Hecken, die außerhalb von Ortschaften an Feld- und Wegrändern wachsen. In kaum einem anderen Lebensraum treffen so viele verschiedene Tiere und Pflanzen auf begrenztem Raum aufeinander wie in einer Wildhecke. Tiere finden hier Nahrung und Unterschlupf, sie brüten oder halten ihren Winterschlaf. Gleichzeitig besitzen Hecken wichtige Funktionen für die Natur. So dienen sie u. a. als Windschutz für benachbarte Felder und sorgen durch ihr starkes Wurzelwerk dafür, dass Bodenerosion vermindert wird. Nicht zuletzt sind sie ein Ort, an dem eine vielfältige Tier- und Pflanzenwelt in natürlicher Umgebung beobachtet und erkundet werden kann.

Dieser Band bietet in vier Kapiteln einen kindgerechten Überblick über den Lebensraum Hecke. Die Bearbeitungsdauer der einzelnen Themen wird in Unterrichtseinheiten (UE) angegeben, die sich grob an einer Unterrichtsstunde orientieren. Je nach Klassenstufe und gewählter Sozialform kann die Unterrichtseinheit kürzer oder länger ausfallen.

Im ersten Kapitel lernen die Schüler den Lebensraum Hecke mit seinen charakteristischen Tieren und Pflanzen kennen. Außerdem werden die Zonen und Stockwerke der Hecke sowie die Veränderungen einer Hecke im Jahresverlauf am Beispiel der Schlehe vorgestellt.

Im zweiten Kapitel stehen die wichtigsten Heckentiere und ihre Merkmale im Mittelpunkt. Die Schüler erstellen Steckbriefe zu den Tieren, sie erforschen Haselmaus und Igel näher und beschäftigen sich mit den verschiedenen Spuren, die Heckentiere hinterlassen können.

Ergänzend zu den Tieren werden im dritten Kapitel die Pflanzen der Hecke vorgestellt. Die Schüler erhalten einen Überblick über charakteristische Heckenpflanzen, sie beschäftigen sich mit dem Aufbau einer Heckenpflanze und legen Pflanzensteckbriefe an. Am Beispiel der Heckenrose wird die Entwicklung von der Blüte zur Frucht genauer dargestellt; außerdem lernen die Kinder, welche Heckenpflanzen giftig sind und wie sie mithilfe des Heckenführerscheins einen sicheren Ausflug zur Hecke unternehmen können.

Im vierten Kapitel erhalten die Kinder praktische Tipps und Ideen, wie sie einen Heckenausflug organisieren und gestalten können. Entsprechend den Möglichkeiten sollte eine Hecke am besten mehrmals im Jahr, aber auf jeden Fall einmal im Herbst besucht werden, da zu dieser Jahreszeit die Früchte reif sind. Je nachdem, wo die Schule liegt, gibt es sicherlich unterschiedliche Bedingungen für einen Unterrichtsgang zur Hecke. An einer Großstadtschule muss ein Heckenausflug anders geplant werden als in ländlichen Wohngebieten. Die Schüler bestimmen vor Ort Tiere, Pflanzen und deren Früchte und erhalten kreative Ideen und Anregungen für Heckenspiele, damit auch Erholung und Spaß bei dem Unterrichtsgang gewährleistet sind. Die Anregungen umfassen das richtige Sammeln und Pressen von Heckenpflanzen, Beobachtungen mit der Lupe sowie die anschließende Stationenarbeit im Klassenraum. Darüber hinaus gibt es viele Ideen, die Hecke mit allen Sinnen zu erleben.

Das Sachbuch „Die Hecke – Ein Lebensraum für Tiere und Pflanzen“ von Veronika Straaß ist keine erforderliche, aber eine sehr anschauliche Ergänzung zu diesen Materialien. Durch große Farbfotos und kindgerechte Texte lernen die Schüler die Tier- und Pflanzenwelt der Hecke kennen. Außerdem bekommen sie Tipps für Entdeckungstouren in der eigenen Umgebung. Sie können das Buch beispielsweise in der Klassenbücherei auslegen, um den Kindern die Möglichkeit zu geben, jederzeit darin zu blättern.

Ich wünsche viel Freude bei dem Abenteuer Hecke!

Gerswid Schöndorf

1. Kapitel: Lebensraum Hecke

Die Kopiervorlagen auf einen Blick

Seite	KV-Titel	Dauer	Lernziele	Didaktisch-methodische Hinweise
12	Entdecke die Hecke!	1 UE*	• Abrufen von Vorwissen und Feststellen von Erwartungen der Schüler an das Thema „Hecke“ • Erstes Kennenlernen der Hecke	Einzelarbeit, Gruppenarbeit, Mindmap, Unterrichtsgespräch
13	Ab in die Hecke!	1 UE	• Einbringen eigener Ideen und Kenntnisse zum Thema Hecke • Kennenlernen unterschiedlicher Heckentypen	Einzel- oder Partnerarbeit, Ergebnissicherung, Vertiefung durch Recherche
14	Mein Heckenbuch	wird über den gesamten Zeitraum geführt	• Individuelle Dokumentation des Erlernten und freies, kreatives Gestalten • Anregung zu unterschiedlichen Aktionen an einer Hecke	Portfolio-Arbeit, Ergebnissicherung, Projekt-Dokumentation, geeignet für Wochenplan und Freiarbeit
15	Die Zonen der Hecke	1 UE	• Einblick in den Querschnitt einer Hecke: Saum-, Mantel-, Kernzone	Einzel- oder Partnerarbeit, handlungsorientiertes Arbeiten, Selbstkontrolle
16	Die Stockwerke der Hecke	1 UE	• Kennenlernen der vertikalen Unterteilung der Hecke	Unterrichtsgespräch, Einzelarbeit, Ergebnissicherung durch Schaubild
17	Schütze die Hecke!	1 UE	• Die Hecke als schützenswerten Lebensraum kennenlernen, Funktionen der Hecke • Achtung und Verantwortung gegenüber der Natur entwickeln	Unterrichtsgespräch, Merktext, Bilder als Gesprächsanlass, Einzelarbeit
18	Wer lebt in der Hecke?	1 UE	• Vertieftes Kennenlernen und Benennen unterschiedlicher Heckenbewohner	Einzel- und Gruppenarbeit, Aufbau von Grundwissen
19	Lebensraum Hecke	1 UE	• Kennenlernen der verschiedenen ökologischen Funktionen, die eine Hecke für die Tierwelt besitzt, Anlegen einer Schulhecke	Unterrichtsgespräch, Einzel- und Gruppenarbeit, mögliches Schulprojekt
20	Die Hecke im Jahreslauf	1 UE	• Jahreszeitliche Veränderungen einer Hecke beobachten und dokumentieren	Einzel- und Gruppenarbeit, Rätselaufgaben, als Hausaufgabe geeignet
21	Die Schlehe	1 UE	• Zuordnung einer Hecke zu den vier Jahreszeiten am Beispiel der Schlehe	Einzel- oder Partnerarbeit, Vertiefung
22	Hecken-Abc	1 UE	• Vertiefung und Ergebnissicherung des Heckenthemas in Kombination mit dem Abc	Einzel- oder Kleingruppenarbeit, fächerübergreifendes Arbeiten mit Deutsch, Portfolio-Arbeit
23	Hecken-Quiz	1 UE	• Themenüberblick mit Frage-Antwort-Kärtchen, Ergebnissicherung	Partner- oder Gruppenarbeit, Lerntheke, Stationenarbeit, Lernkartei

*UE = Unterrichtseinheit

Zu den einzelnen Kopiervorlagen

Entdecke die Hecke!

Einstieg

Gespräch im Klassenverband/Stuhlkreis: Was stellen sich die Schüler unter einer Hecke vor? Welche Erwartungen haben die Kinder an das Thema „Hecke“? Was möchten sie gerne darüber erfahren? Was wissen die Kinder schon über die Hecke?

Zum Einsatz der KV

Lesen Sie den einleitenden Text zur Hecke gemeinsam und besprechen Sie ihn. Erläutern Sie dann, dass bei einer Ideensammlung (Mindmap), alles notiert werden darf, was den Schülern zum Thema, hier Hecke, einfällt, z. B. auch Gerüche, Geschmack von Heckenfrüchten, die Stacheln des Igels, Assoziationen zu Erlebnissen oder Geschichten der Kinder selbst. Die Mindmap kann in Einzelarbeit, mit einem Partner oder in einer Kleingruppe erstellt werden. Dann empfiehlt es sich, die KV auf DIN A3 zu vergrößern.

Lösung

z. B. Igel, Hagebutte, Haselnuss, Juckpulver, Brombeeren schmecken süß, Holunder, Heckenrose, Haselnuss, grün, alles wächst durcheinander, meine Oma hat eine Hecke im Garten, Hecke schneiden, Maus, Mäusebussard, ab durch die Hecke, etwas aushecken, Hase, Kaninchen, Fuchs, Fasan, Käfer, Kröte

Ergebnissicherung

Die Kinder stellen ihre Mindmap im Klassenplenum vor. Einzelne Begriffe zum Thema werden an die Tafel geschrieben und durch mögliche Ideen und Vorschläge der anderen Schüler ergänzt. Präsentieren Sie dann ein Bild einer Wildhecke und zeigen Sie den Kindern daran einzelne genannte Tiere und Pflanzen der Hecke. Eine große gemeinsame Mindmap oder mehrere kleine können während des gesamten Themas im Klassenraum ausgestellt und immer wieder ergänzt werden.
Geben Sie dann Satzanfänge vor und lassen Sie die Kinder mündlich oder schriftlich ergänzen.

- „Eine Hecke ist …“
- „In der Hecke leben …“
- „In der Hecke wachsen …“
- „In der Hecke finde ich …“

Weiterführende Anregung

Die Schüler suchen zu Hause nach Bildern, Fotos oder sonstigen Abbildungen von Hecken, von Heckenpflanzen und -tieren. Hierfür können sie Naturbücher oder Zeitschriften nutzen oder auch im Internet in Kinder-Suchmaschinen nachschauen. Die Bilder fügen sie ihrer Mindmap hinzu oder kleben sie in ihr Heft oder Heckenbuch (zur Erstellung des Heckenbuchs siehe Seite 6).

Ab in die Hecke!

Einstieg

Zeigen Sie den Schülern ein Bild von einer Wildhecke an Feld- oder Waldrand und vergleichend dazu ein Bild von einer Gartenhecke. Was sind die Gemeinsamkeiten/Unterschiede? Was entdecken die Kinder alles auf dem Wildhecken-Bild?
Mögliche Antworten: Gartenhecke/Zierhecke für Sichtschutz, Raumgestaltung, Abtrennung, notwendige Pflege, Rückschnitt …; Wildhecke/außerhalb von Ortschaften, stark verwachsen, vielfältige Mischung z. T. mit Bäumen und Blumen, Erosionsschutz/Windschutz/Regulierung des Wasserhaushalts …

Zum Einsatz der KV

Das Arbeitsblatt ermöglicht den Kindern einen lebensnahen Einstieg in den Lebensraum Hecke. Viele dieser Tiere und Pflanzen sind ihnen bekannt und werden nun als Heckenbewohner identifiziert. Die Schüler ergänzen die Sätze mit den passenden Wörtern und orientieren sich dabei an den Bildern.
Bei der zweiten Aufgabe bringen die Schüler ihr Vorwissen ein, hier eignet sich Partnerarbeit besonders gut. Sie können die nötigen Informationen auch durch eine Bildvorlage erhalten oder in der Klassenbibliothek recherchieren. Aufgabe 2 eignet sich auch als Hausaufgabe.

Lösung

Aufgabe 1:
In der Hecke brütet eine Amsel. Dort wächst eine Heckenrose mit einer roten Hagebutte. In der Hecke versteckt sich eine Haselmaus. Der Igel sucht in der Hecke nach Schnecken. Am Boden der Hecke überwintert eine Kröte. Unter der Brombeere krabbelt eine Ameise. Ein Reh sucht hinter der Hecke Schutz vor Wind. Die Blüten der Schlehe bieten Bienen und Schmetterlingen im Frühjahr viel Nahrung.

Ergebnissicherung

Die Schüler stellen ihre Ergebnisse im Plenum vor und korrigieren ggf. ihre Antworten.

Weiterführende Anregung

Erläutern Sie den Schülern, dass naturnah gewachsene Hecken aufgrund ihrer Struktur in drei verschiedene Heckentypen eingeteilt werden: Niederhecken (niedrige Sträucher von ca. 2 bis 3 m Höhe), Hochhecken (in der Kernzone Sträucher mit bis zu 5 m Höhe) und Baumhecken (bis zu 30 m hohe Bäume im Innern). Baumhecken entstehen häufig dadurch, dass Hochhecken nicht zurückgeschnitten wurden. So konnten Bäume durch das Heckendach einer Hochhecke wachsen. Zeigen Sie den Schülern Fotos verschiedener Hecken und diskutieren Sie Gemeinsamkeiten und Unterschiede.

KV Seite 14

Mein Heckenbuch

Vorbereitung

Stellen Sie den Einband des Heckenbuchs aus festem Papier oder farbigem Tonkarton, mindestens DIN A3, her. Halbieren Sie die längere Seite. Lochen Sie den Einband und fügen Sie anschließend einen Heftstreifen ein. Die Schüler können nach und nach Arbeitsblätter einheften.

Einstieg

Eine wichtige Voraussetzung für die Arbeit am Thema „Hecke“ ist, dass eine nahegelegene Hecke im Jahresverlauf mehrfach besucht wird. Bei diesen Ausflügen können Materialien wie Blätter, Blüten und Heckenfrüchte für das Heckenbuch gesammelt und die Anregungen auf den Arbeitsblättern umgesetzt werden. Auf jeden Fall sollte die Hecke einmal im Spätsommer oder Herbst besucht werden, da zu dieser Jahreszeit die Früchte reifen.

Zum Einsatz der KV

Die Schüler kleben das Arbeitsblatt als Deckblatt vorne auf den Einband des Heckenbuchs. Sie notieren ihren Namen und bemalen das Deckblatt mit Heckenmotiven nach Wahl bzw. malen die vorgegebenen Bilder aus. Wenn später vorhanden, können getrocknete Blüten und Blätter von Heckenpflanzen oder eine Heckenfrucht aufgeklebt werden.

In das Heckenbuch werden im Laufe des Projekts ausgefüllte Arbeitsblätter, Steckbriefe von Pflanzen und Tieren, gepresste Blumen und Blüten, Blätter, selbst gestaltete Bilder, Fotos einer Hecke oder individuelle Notizen und eigene Ideen zum Thema „Hecke“ eingefügt. Bei den nachfolgenden Kopiervorlagen ist jeweils vermerkt, welche sich besonders gut für das Heckenbuch eignen.

KV Seite 15

Die Zonen der Hecke

Einstieg

Orientieren Sie sich zunächst an der Lebenswelt der Kinder. Wie ist z. B. die Schule aufgebaut, die die Kinder besuchen? Auch wenn die Schüler nicht in der Schule leben, so verbringen sie hier doch einen großen Teil des Tages, ebenso wie manche Tiere regelmäßig als Besucher zur Hecke kommen. Auch in der Schule gibt es mehrere Bereiche. Wie ist die Anordnung der Klassenräume? Welche Größe haben die Klassenzimmer? Wo liegen Turnhalle oder Sportplatz? Gibt es z. B. einen Musikraum und einen Kunstraum? Was ist der Vorteil einer Schule mit unterschiedlichen Räumen? Die Schüler können unterschiedliche Dinge, wie Lernen und Sport, gleichzeitig auf relativ begrenzter Fläche durchführen. Leiten Sie anschließend auf das Thema „Hecke“ über. Auch hier gibt es mehrere Bereiche/Zonen. Welchen Vorteil hat dies für die Heckenbewohner und die Besucher der Hecke? Führen Sie die drei Begriffe **Saumzone**, **Mantelzone** und **Kernzone** ein. Wie stellen die Schüler sich die drei Zonen einer Hecke vor? Die Kinder äußern sich spontan dazu.

Zum Einsatz der KV

Geben Sie den Schülern nach dem Verteilen des Arbeitsblattes mindestens 15 Minuten Zeit, um die Texte zu lesen. Sie können auch ein lesestarkes Kind und ein leseschwächeres Kind als Partner arbeiten lassen, wobei sie sich die Texte abwechselnd gegenseitig leise vorlesen. Klären Sie anschließend gemeinsam unbekannte Begriffe. Jetzt dürfen die Kinder die Aufgabe bearbeiten und die Zonen der Hecke entsprechend ausschneiden und ordnen. Weisen Sie die Kinder darauf hin, dass sie nur an den gestrichelten Linien schneiden sollen und ihr Blatt quer nehmen müssen. Das Heckenbild dient als Lösungskontrolle.

Lösung

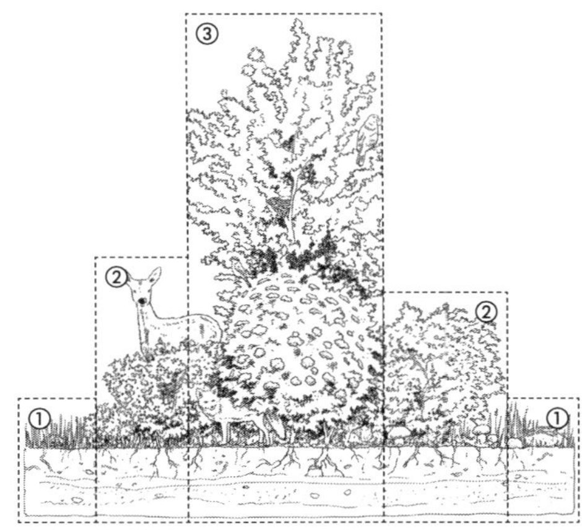

Ergebnissicherung
Die Ergebnisse der Einzelarbeit/Partnerarbeit werden im Plenum vorgestellt und diskutiert. Sie können ein vergrößertes Lösungsblatt an die Tafel heften. Die Kinder kleben die Bilder und Texte anschließend korrekt auf ein Extrablatt und ordnen es in ihr Heckenbuch ein.

Weiterführende Anregungen

- Erläutern Sie, dass z. B. Kaninchen als Höhlenbewohner ihre Höhle gerne unter Heckensträuchern anlegen, weil diese ihnen Schutz vor Greifvögeln bieten. Fasan und Rebhuhn können schlecht fliegen. Sie brüten häufig im Schutz einer Hecke und nutzen deren Deckung. Ihre Nahrung finden sie aber nicht direkt in der Hecke, sondern auf benachbarten Getreidefeldern und in der Saumzone. Sie bewegen sich also in einem größeren Abstand zu einer Hecke, nutzen aber bei Gefahr deren Schutz.
- Die Schüler malen Tiere, die typisch für die einzelnen Zonen sind, an passenden Stellen auf das Blatt.

Die Stockwerke der Hecke

Einstieg
Erläutern Sie, dass sich eine Hecke nicht nur von der Seite her betrachtet in horizontale Zonen einteilen lässt (siehe Seite 15), sondern auch vertikal in Stockwerke. Wie stellen sich die Schüler den Aufbau einer Hecke von unten nach oben vor? Was könnte man bei einer Hecke als Keller bezeichnen und was als Dach? Sammeln Sie spontane Äußerungen der Kinder an der Tafel.

Zum Einsatz der KV
Lesen Sie den einführenden Text gemeinsam und klären Sie ggf. Begriffe, die noch unbekannt sind.
Geben Sie den Schülern ungefähr 10 Minuten Zeit, um sich die Abbildung anzuschauen und die Schreibzeilen zu füllen.

Lösung

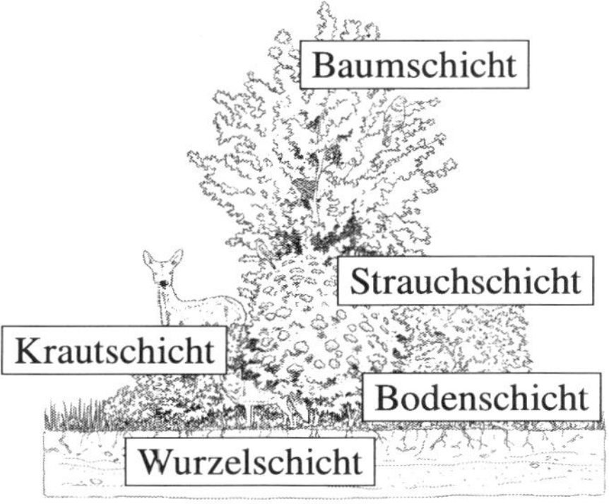

Ergebnissicherung
Zeigen Sie ein vergrößertes Arbeitsblatt mit der Lösung oder lassen Sie ein Kind seine Lösung vorstellen. Anschließend heften die Schüler das Arbeitsblatt in ihr Heckenbuch.

Weiterführende Anregung
Im Kunstunterricht malen die Schüler eine Hecke. Sie benutzen verschiedene Pinselstärken oder wählen eine Tupftechnik, um die Heckensträucher und Blumen zu malen. Für die Farben der Hecke mischen die Kinder möglichst viele verschiedene Grüntöne. Sie können auch das Heckenbild mit Buntstiften ausmalen.

Schütze die Hecke!

Einstieg
Hecken sind schützenswerte Lebensräume. Wie stellen die Schüler sich einen sorgsamen Umgang mit der Natur, speziell mit einer Hecke vor? Sammeln Sie spontane Äußerungen an der Tafel. Besprechen Sie, wie wichtig ein achtsamer Umgang mit der Natur ist und dass jeder einzelne Schüler für den Schutz von Tieren und Pflanzen in der Natur verantwortlich ist. Jeder ist ein Teil der Natur, darf sie auch nutzen, darin spielen und Spaß haben, soll aber dabei keine Tiere und Pflanzen in ihren Lebensräumen schädigen. Erläutern Sie die Bedeutung von Hecken für uns Menschen und für die Natur.

> Hecken bieten zahlreichen, teils bedrohten Arten einen Lebensraum, Schutz, Nahrungsraum, Nistplätze und Überwinterungsquartiere. Hecken dienen Tieren als Wanderwege. Sie besitzen wichtige Klimafunktionen für die Natur, so bieten sie einen Witterungsschutz für benachbarte Felder. Wildhecken bremsen den Wind, regulieren den Wasserhaushalt der Umgebung und festigen über ihr Wurzelwerk den Boden, sodass Erosion vermindert wird.

Zum Einsatz der KV
Der Text von Aufgabe 1 fasst die Funktionen einer Hecke kindgerecht zusammen. Sie können den Text gemeinsam lesen und als Gesprächsanlass nutzen. Auf den Bildern von Aufgabe 2 ist dargestellt, welche Regeln die Schüler beachten sollen, wenn sie sich in der Natur bewegen. Geben Sie den Kindern ungefähr 10 Minuten Zeit, um sich die Bilder anzuschauen, die Sätze zu lesen und passend zuzuordnen. Die Schüler können das Arbeitsblatt selbstständig im Unterricht oder als Hausaufgabe bearbeiten.

Lösung

Aufgabe 2:

4	1	6
5	3	2

Ergebnissicherung

Die Schüler schneiden die Bilder und Sätze aus und kleben sie paarweise in ihr Heckenbuch. Wiederholen Sie die Regeln vor dem ersten Heckenausflug.

Weiterführende Anregung

An dieser Stelle ist es sinnvoll, die Schüler auf eine Gefahr hinzuweisen, die durch den Fuchsbandwurm entstehen kann. Bodennahe essbare Heckenfrüchte, z. B. Brombeeren, können mit Eiern des Fuchsbandwurms verunreinigt sein. Von daher sollten auch die bekannten Beeren nicht aus Bodennähe gepflückt und gegessen werden.

KV Seite 18

Wer lebt in der Hecke?

Einstieg

Zeigen Sie den Schülern als Einstieg ein Foto einer naturnahen Hecke. Gehen Sie dann bei Bedarf noch etwas genauer auf Pflanzen ein, die den Kindern bisher unbekannt geblieben sind, wie Leberblümchen und Lerchensporn. Zeigen Sie Fotos dieser Pflanzen und möglicherweise auch ein Bild des Vogels Neuntöter. Überlegen Sie gemeinsam, wie der Neuntöter an seinen Namen kommen konnte. Der Name entstand aus einer (irrtümlichen) Behauptung, dass dieser Singvogel zuerst neun Beutetiere fängt, bevor er zu fressen beginnt.

Zum Einsatz der KV

Mit diesem Arbeitsblatt erhalten die Kinder einen systematischen Überblick über Heckentiere und -pflanzen, auf den auch später zurückgegriffen werden kann. Geben Sie den Schülern ca. 15 Minuten Zeit, um die Begriffe zu lesen, auszuwählen und richtig einzuordnen. Klären Sie u. U. noch einmal unbekannte Begriffe, z. B. Schöllkraut, Schlehe (Schlehdorn).

Lösung

Heckenpflanzen:

Brombeere, Holunder, Heckenrose, Schlehe, Lerchensporn, Haselstrauch, Leberblümchen, Buschwindröschen, Schöllkraut

Heckentiere:

Haselmaus, Amsel, Hase, Fledermaus, Fuchs, Kröte, Neuntöter, Waldohreule, Igel, Reh, Fasan, Spinne

Ergebnissicherung

Die Ergebnisse der Rätselaufgabe werden im Plenum vorgestellt.

Weiterführende Anregung

Ein Vorschlag für den Deutschunterricht: Regen Sie die Schüler dazu an, eine kleine Heckengeschichte zu schreiben. Geben Sie dafür drei Worte vor, von denen eins auch etwas ungewöhnlich sein kann, wie z. B. Fee, Heckenrose, Haselmaus. Stellen Sie eine Uhr und begrenzen Sie die Schreibzeit auf 10 bis 15 Minuten. Die Schüler sollen möglichst zügig, ohne lange nachzudenken, losschreiben. Nach Fertigstellung der Geschichten liest jeder, der möchte, seine Heckengeschichte im Plenum vor. Positive Kritik durch die anderen ist anschließend erwünscht.

KV Seite 19

Lebensraum Hecke

Einstieg

Brainstorming: Wie nutzen die Tiere die unterschiedlichen ökologischen Angebote einer Hecke? Sammeln Sie spontane Äußerungen an der Tafel und ergänzen Sie ggf. Die Hecke dient als Nahrungsraum, Überwinterungsort, Schutz- und Deckungsraum, Spähposten, Wohnraum, Wanderweg, Brut- und Nistplatz. Besprechen Sie die vielfältigen Angebote der Hecke im Plenum.

Zum Einsatz der KV

Lesen Sie den einleitenden Text gemeinsam. Er enthält einiges an Lösungshilfen.

Lösung

(nur korrekte Sätze sind angegeben)

Die Haselmaus überwintert in der Hecke.

Der Mäusebussard sitzt auf einem hohen Strauch und späht nach Beute.

Die Goldammer baut in der Hecke ihr Bodennest.

Eine Hecke bietet den Tieren Deckung und Schutz vor Feinden.

Im Frühjahr bauen viele Vögel ihr Nest in der Hecke.

Die Früchte und Blüten einer Hecke dienen den Tieren als Nahrung.

Viele Tiere ziehen in der Hecke ihre Jungen auf.

Ergebnissicherung

Die Schüler stellen ihre Ergebnisse im Plenum vor.
Sie heften ihr Blatt anschließend ins Heckenbuch.

Weiterführende Anregungen

- Planen Sie mit den Schülern einen Gärtnereibesuch. Hier erhalten die Kinder Informationen zu unterschiedlichen Heckenpflanzen. Sie können sich die Pflanzen vor Ort anschauen und genauer kennenlernen.
- Legen Sie, wenn möglich, mit den Schülern im Rahmen eines jahrgangsübergreifenden Schulprojekts eine kleine Feldhecke an. Möglicherweise gibt es hierfür einen Bereich im Schulgarten, den Sie nutzen können. Sie können Heckenpflanzen kaufen und einpflanzen oder sie aus heimischen Stecklingen, z. B. Haselnuss, Hainbuche oder Heckenrose, selbst ziehen. Für die erste Anzucht genügen zunächst kleinere Gefäße oder z. B. eine Obstkiste. Die angewachsenen Heckenpflanzen werden dann an einer geeigneten Stelle im Schulgarten ausgepflanzt. Teilen Sie in der Klasse/in der Projektgruppe Dienste ein: Welche Kinder sorgen für die Hecke? Zu Beginn müssen die Heckenpflanzen regelmäßig gegossen werden, damit sie angehen. Wer achtet darauf, dass auch Klassenfremde achtsam mit der Hecke umgehen? Erstellen Sie evtl. gemeinsam eine Infowand, auf der auf das Projekt hingewiesen und die Schulgemeinschaft informiert wird.
  Dauerhaft braucht eine Hecke nur wenig Pflege. Die Sträucher, die zu stark wachsen und andere im Wachstum behindern, sollten regelmäßig zurückgeschnitten werden. Unter der Hecke wird nicht gemäht, damit sich hier auch andere Pflanzen, wie z. B. Kräuter, ansiedeln können.
  Vielleicht kann das Anlegen einer kleinen Schulhecke im Rahmen einer Garten-AG erfolgen bzw. in Zusammenarbeit mit interessierten Eltern. Holen Sie auf jeden Fall auch den Hausmeister mit ins Boot! Falls das Anlegen einer Hecke auf einer größeren Fläche außerhalb der Schule möglich ist, können Sie in einem Klassenprojekt auch eine Benjeshecke pflanzen.

Für eine Benjeshecke legen Sie an geeigneter Stelle abgeschnittene dünne Äste und Zweige von Sträuchern in lockeren Schichten mehrfach übereinander, entweder als Haufen oder in einem langen Streifen. In regelmäßigen Abständen pflanzen Sie Setzlinge von Heckenpflanzen dazwischen. Nun kann in Verbindung mit dem Windflug von Samen und durch die Samenverbreitung rastender Vögel im Laufe der Zeit eine naturnahe Hecke entstehen.

- Falls es an Ihrer Schule nicht möglich ist, ein eigenes Hecken-Projekt durchzuführen, gibt es in vielen Städten und Gemeinden auch die Möglichkeit, bei einem Projekt eines Naturschutzbundes, bei Regionalgruppen oder einer Umweltstiftung mitzumachen. Erkundigen Sie sich doch einmal danach, z. B. beim BUND *(www.bund.net)*, NABU *(www.nabu.de)* oder der Deutschen Umweltstiftung *(www.deutsche umweltstiftung.de)*.
- Pressen Sie mit den Schülern Blätter und Blüten von Pflanzen, die sie bei einem Heckenbesuch gesammelt haben. Sind die Heckenpflanzen gut getrocknet, können sie daraus eine Wandcollage für das Klassenzimmer anfertigen, die sie mit Fotos und Bildern von Pflanzen und Tieren ergänzen. Gesammelte Heckenfrüchte, wie z. B. Hagebutten, können die Kinder ebenfalls für die Collage nutzen.
- Besprechen Sie mit den Schülern im Klassenplenum folgenden scheinbaren Widerspruch: Auf der einen Seite soll die Hecke geschützt werden, die Tier- und Pflanzenwelt darf nicht mutwillig zerstört werden. Auf der anderen Seite werden Hecken aber beschnitten und möglicherweise auch Bäume darin gefällt. Erklären Sie, dass es nötig ist, eine Hecke regelmäßig zurückzuschneiden, damit zu stark wachsende Pflanzen, z. B. Brombeeren, andere Pflanzen nicht überwuchern.

Ein Heckenschnitt darf nur zu bestimmten Zeiten erfolgen, um die darin lebenden Tiere, vor allem brütende Vögel, nicht zu stören und zu gefährden. So dürfen Hecken nicht in der Brutzeit zwischen März und September geschnitten werden. Kleinere Formschnitte dürfen auch in dieser Zeit erfolgen, allerdings muss darauf geachtet werden, dass sich keine Vogelnester in der Hecke befinden.

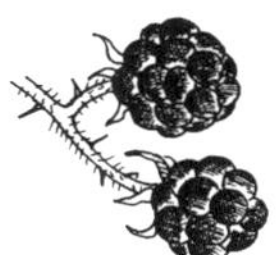

KV Seite 20 **Die Hecke im Jahreslauf**

Einstieg

Zeigen Sie den Schülern Bilder einer Frühlings- und einer Herbsthecke im Vergleich. Sehen die Kinder Unterschiede? Welche Tiere, Pflanzen und Früchte entdecken sie? Entdecken sie Lebewesen, die nur auf einem der beiden Fotos/Bilder vorkommen? Planen Sie zur Veranschaulichung auch mindestens zwei Heckenausflüge ein, damit die Schüler Veränderungen im Aussehen einer Hecke im Frühjahr und Herbst (wenn möglich auch zu den anderen Jahreszeiten) erleben können.

Zum Einsatz der KV

Geben Sie den Schülern ca. 15 Minuten Zeit, um die Sätze zu lesen und die richtigen Antworten zuzuordnen.

Lösung

Ich nutze die Hecke als Ruheplatz. (...) Kröte
Ich bin eine Heckenpflanze. (...) Haselstrauch
Du findest mich im Herbst an der Hecke. (...) Hagebutte
Ich esse gerne Regenwürmer und Schnecken. (...) Igel
Ich sitze zu jeder Jahreszeit gerne auf einem hohen Baum oder Strauch. (...) (Mäuse)Bussard
Ich lebe das ganze Jahr über in der Hecke. (...) Haselmaus
Im Frühjahr baue ich mein Bodennest (...) Rebhuhn

Ergebnissicherung

Die Ergebnisse der Rätselaufgaben werden im Plenum vorgestellt.

Weiterführende Anregungen

- Die Schüler machen bei den Ausflügen Fotos von der Frühlings- und Herbsthecke und ggf. von der Hecke in den anderen Jahreszeiten. So werden Veränderungen bei Tieren und Heckenpflanzen festgehalten. Die Schüler kleben die Fotos in ihr Heckenbuch oder ergänzen damit eine Hecken-Wandcollage im Klassenraum. Geben Sie den Kindern bei der Gestaltung der Wandcollage Hinweise zu den jahreszeitlichen Aspekten: In den Frühjahrsteil der Collage können getrocknete Blüten von Heckenpflanzen miteinbezogen werden, in den herbstlichen Teil Früchte, die sich länger aufbewahren lassen, wie z. B. Hagebutten oder Haselnüsse. Als Alternative zum Fotografieren zeichnen die Schüler bei einem Heckenbesuch Bilder von der Hecke und fügen diese ebenfalls in das Heckenbuch oder die Wandcollage ein.
- Im Kunstunterricht erstellen die Schüler ein Heckenbild, durch das ein Igel spaziert. Hierfür sammeln sie bei einem Heckenbesuch Blätter und Heckenblumen und pressen diese in einer Blumenpresse. Anschließend kleben sie die getrockneten Heckenpflanzen nach Belieben auf ein mindestens DIN-A4-großes Papier. Aus Tonpapier basteln die Schüler einen Igel, den sie auf das Heckenbild kleben.
- Mögliche Hausaufgabe: Die Kinder erstellen selbst eine Rätselaufgabe zu einer Heckenpflanze oder einem Heckentier. Am nächsten Tag liest jeder Schüler seine Rätselaufgabe im Plenum vor und die anderen erraten die Lösung.

Die Schlehe

Einstieg

Die Schlehe als eine der wichtigsten Heckenpflanzen wird im Lauf der Jahreszeiten untersucht. Dabei kann auf die Entwicklung von der Blüte zur Frucht besonders eingegangen werden. Zeigen Sie den Schülern ein Bild von einer Schlehenhecke. Erläutern Sie, dass sich im Jahresverlauf nicht nur das äußere Erscheinungsbild einer Hecke verwandelt, sondern sich auch, je nach Jahreszeit, unterschiedliche Tiere in der Hecke aufhalten. Wenn im Herbst die Früchte reif sind, besuchen z. B. viele Zugvögel die Hecke, während im Frühjahr und Frühsommer Schmetterlinge und Wildbienen an der Schlehenhecke Pollen und Nektar sammeln. Die Raupe des Schlehenspinners findet sich noch nicht im Frühjahr, sondern erst im Sommer an der Schlehe, wenn diese Blätter trägt.

Zum Einsatz der KV

Geben Sie den Schülern ca. 15 Minuten Zeit, um die Textabschnitte zu lesen und sie dem passenden Bild zuzuordnen.

Lösung

① Frühling: Die Schlehe blüht strahlend weiß. (...)
② Sommer: Die Schlehe hat sehr viele grüne Blätter. (...)
③ Herbst: Jetzt trägt die Schlehe dunkelblaue, runde Früchte. (...)
④ Winter: Die Früchte der Schlehe hängen auch zu dieser Jahreszeit am Strauch. (...)

Ergebnissicherung

Das Ergebnis der Text-Bild-Zuordnung wird im Plenum vorgestellt und diskutiert. Die Kinder können anschließend die Bilder anmalen und das Blatt in ihr Heckenbuch heften.

Hecken-Abc

Einstieg

Das Thema „Hecke“ kann auch im Deutsch- oder Musikunterricht vertieft und wiederholt werden.
Das Hecken-Abc kombiniert die Ergebnissicherung dessen, was die Schüler bisher über die Hecke als Lebensraum erfahren haben, spielerisch mit dem Üben des Abc.

Zum Einsatz der KV

Das Hecken-Abc kann in Einzelarbeit oder in einer Kleingruppe bearbeitet werden. In einer Kleingruppe suchen

sich jeweils drei Schüler einige Buchstaben aus und versuchen gemeinsam, in einer vorgegebenen Zeit möglichst viele Heckenbegriffe zu finden und zuzuordnen. Für die Kleingruppe sollte das Arbeitsblatt vergrößert werden.

Differenzierungsmöglichkeiten
Lernschwächere Schüler nehmen die Lösungsworte unten auf dem Arbeitsblatt zu Hilfe und ordnen sie den Buchstaben zu. Lernstarke Kinder können den unteren Teil des Arbeitsblattes mit den Lösungsworten umklappen und ohne Vorgaben Heckenwörter finden.

Weiterführende Anregungen
- Als Hausaufgabe können die Kinder weitere Begriffe zu den Buchstaben recherchieren.
- Mit Gedichten und Liedern, die sich um die Hecke ranken, ist ein spielerischer und sprachlicher/musikalischer Zugang zum Thema möglich. Die Gedichte können von den Schülern rhythmisch gesprochen, mit Orff-Instrumenten begleitet oder auch in einen Rap umgewandelt werden. Geeignete Texte sind z. B. Christian Morgensterns „Die drei Spatzen" oder der Abzählreim „Ringel, Ringel, Reihe". Kennen die Kinder noch weitere Texte, Gedichte, Reime rund um die Hecke?
- Lassen Sie die Gedichte in immer neuen Betonungen vorlesen: nur mit einem Vokal, laut, leise …
- Das Gedicht „Die drei Spatzen" kann als Bewegungsgedicht umgesetzt werden. Die Kinder überlegen sich in Partnerarbeit oder in Kleingruppen, welche Bewegung zu welcher Zeile/zu welchem Zeilenpaar passen könnte. Anschließend sprechen alle das Gedicht mit den Bewegungen. Dies kann während des gesamten Projekts Hecke immer wieder als Einstieg oder als Unterbrechung/Bewegungspause eingesetzt werden.

Ergebnissicherung
Einige Kinder/Kleingruppen stellen ihr Hecken-Abc im Plenum vor. Die Schüler ergänzen u. U. ihr Hecken-Abc und heften das Arbeitsblatt in ihr Heckenbuch.

Hecken-Quiz

Vorbereitung
Kleben Sie vor der ersten Benutzung die Kopiervorlage, am besten vergrößert, auf Tonkarton oder festes Papier. Schneiden Sie die Streifen mit Frage und Antwort aus und knicken Sie sie so, dass auf der einen Seite die Frage steht und auf der anderen Seite die Antwort. Kleben Sie die beiden Seiten zusammen. Sie können die Kärtchen zur besseren Haltbarkeit auch laminieren.

Einstieg
Die Kärtchen mit den Fragen und Antworten dienen als spielerische Ergebnissicherung dessen, was die Schüler bisher über die Hecke als Lebensraum erfahren haben. Sie können zu Beginn der Stunde jeweils für 5 Minuten gemeinsam gespielt werden.

Zum Einsatz der KV
Dieses Frage-Antwort-Spiel ist für mehrere Sozialformen geeignet: In der Gruppe/im Klassenverband können sich die Schüler je ein Kärtchen nehmen und die Frage dem Nachbarn/anderen Kindern stellen und so durchwechseln. Mit dem Partner kann abwechselnd gefragt werden. Wer eine Antwort weiß, bekommt das Kärtchen. Wer hat am Ende den größten Stapel? Als Einzelarbeit bietet sich das Spiel für schnelle Schüler oder als Teil einer Stationenarbeit an. Die Antwort wird jeweils durch Umdrehen der Karte kontrolliert.

Weiterführende Anregung
Die Kinder können das Spiel mit zusätzlichen Fragen und Antworten erweitern.

Name:

Entdecke die Hecke!

Hecken sind nicht nur die ordentlich geschnittenen, grünen Pflanzenstreifen aus Thuja oder Buchsbaum, wie wir sie in unseren Gärten finden. Es gibt auch Wildhecken, die an Waldrändern und an Feldern wachsen. Diese wilden Hecken bestehen aus ganz verschiedenen Sträuchern und Büschen, aus wilden Blumen und sogar aus Bäumen. Viele unterschiedliche Tiere leben in solchen Wildhecken dicht beieinander oder in der Umgebung der Hecke. Sie finden hier ihre Nahrung, bauen ihre Nester und suchen in der Hecke Schutz vor ihren Feinden.

Schreibe oder male alles auf, was dir zur Hecke einfällt.

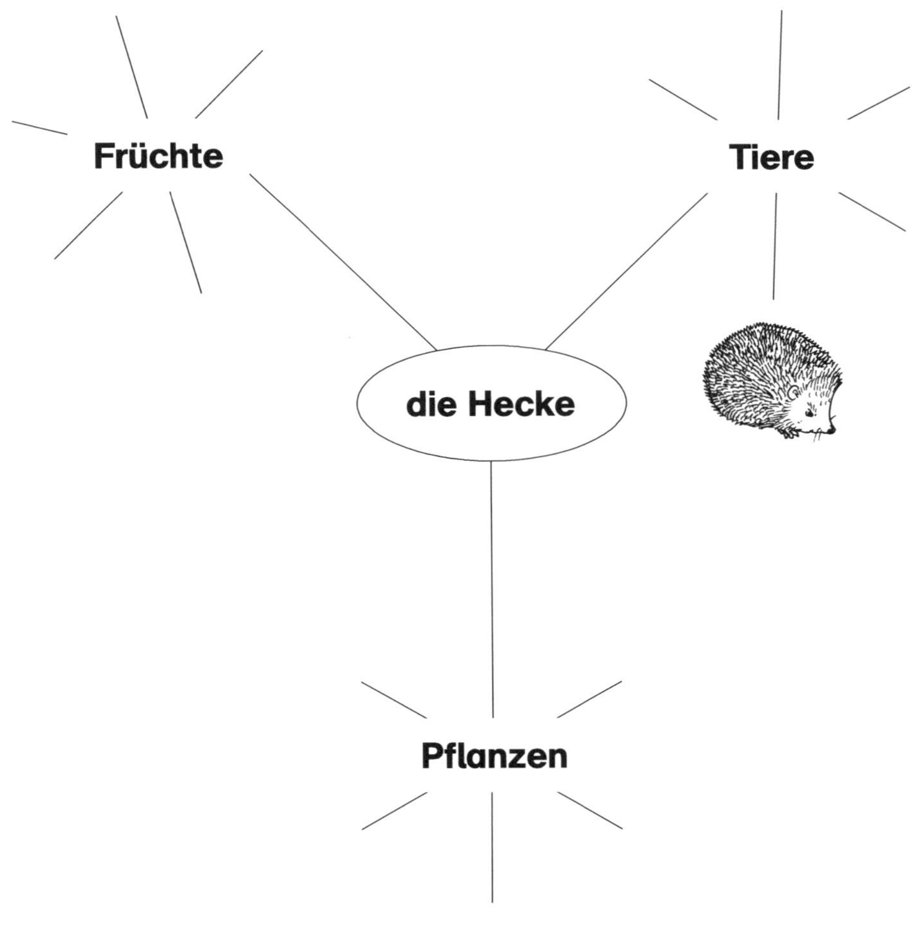

Name:

Ab in die Hecke!

1. Ergänze die Sätze jeweils mit dem passenden Tier- oder Pflanzennamen. Die Bilder helfen dir dabei.

In der Hecke brütet eine ______.

Dort wächst eine ______ mit einer roten Hagebutte.

In der Hecke versteckt sich eine ______.

Der ______ sucht in der Hecke nach Schnecken.

Am Boden der Hecke überwintert eine ______.

Unter der Brombeere krabbelt eine ______.

Ein ______ sucht hinter der Hecke Schutz vor Wind.

Die Blüten der ______ bieten Bienen und Schmetterlingen im Frühjahr viel Nahrung.

2. Male die Heckentiere und Heckenpflanzen in den richtigen Farben aus.

Mein Heckenbuch

Name:

Die Zonen der Hecke

Schneide die Bilder aus und lege das Heckenbild richtig zusammen. Klebe es mit den Texten auf ein Extrablatt. Nummeriere die Zonen.

① Etwas weiter innen liegt die **Mantelzone**. Hier wachsen kleine und mittelgroße Sträucher wie Schlehe, Heckenrose und Weißdorn. In dieser Zone brüten häufig Vögel in den dichten Zweigen. Außerdem finden Rehe, Hasen, Laubfrösche und Haselmäuse zwischen den Sträuchern Schutz. Am Boden überwintern hier Erdkröten.

② Der äußere Rand der Hecke ist die **Saumzone**. Hier wachsen Blumen, Gräser und kleine Pflanzen. In dieser Zone leben zahlreiche Käfer und andere Insekten. Viele Heckentiere finden hier ihre Nahrung. In der Saumzone bauen Goldammer, Rebhuhn und Fasan ihr Bodennest. Hier sonnen sich Eidechse oder Blindschleiche.

③ Das Innere der Hecke nennt man die **Kernzone**. Hier wachsen hohe Sträucher und sogar einige Bäume. Auch hier bauen Vögel ihre Nester. Einige Vögel nutzen die hohen Sträucher und Bäume als Spähplatz für die Beutejagd. In dieser Zone haben Igel und Wiesel ihre Kinderstube, außerdem leben hier Fuchs und Waldohreule. Die Haselmaus überwintert in dieser Zone.

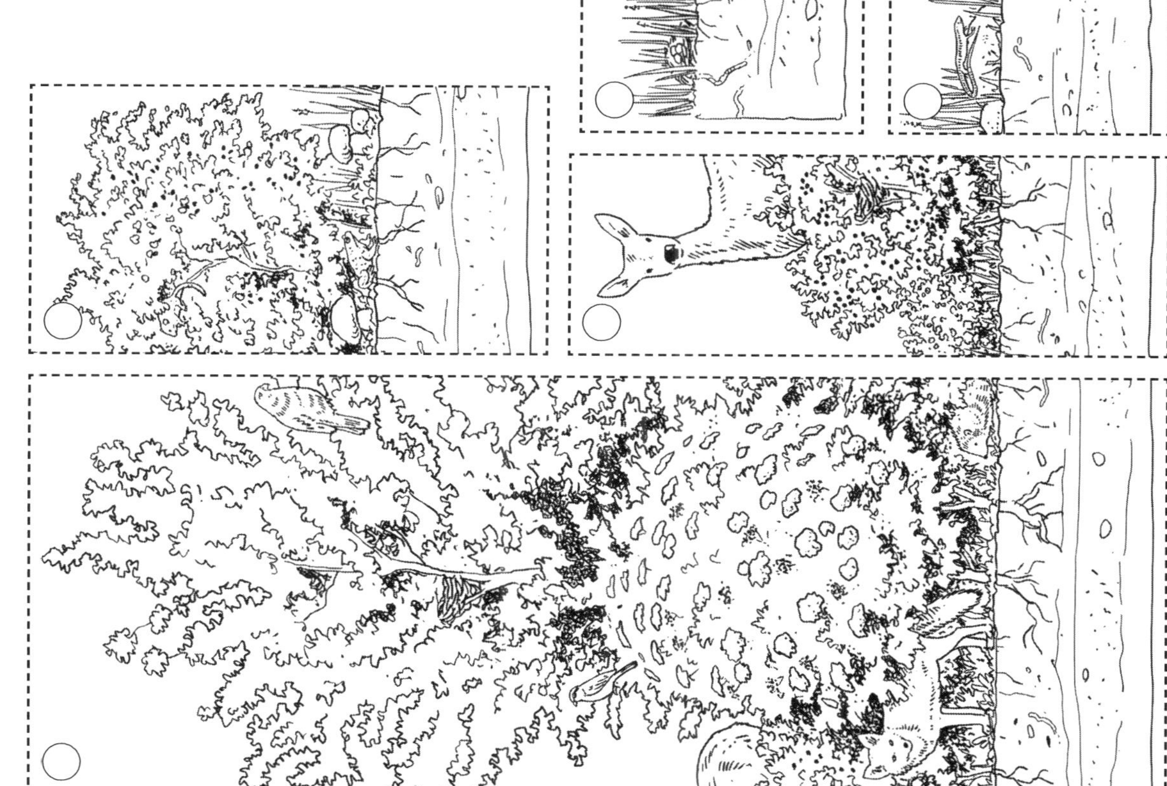

Name:

Die Stockwerke der Hecke

Eine Hecke hat mehrere Stockwerke. Das ist so ähnlich wie bei einem Haus. Ganz unten im Keller befindet sich die **Wurzelschicht**, in der die Wurzeln der Pflanzen im Boden verankert sind. Auf der **Bodenschicht** wachsen Moose, Flechten und Pilze. Darüber befindet sich die **Krautschicht** mit Stauden, Gräsern und Kräutern. Noch ein Stockwerk höher folgt die **Strauchschicht**. Ganz oben ist die **Baumschicht**, das Dach der Hecke. Sie besteht aus einzelnen Bäumen und hohen Sträuchern. In jeder Schicht leben andere Heckentiere, wobei viele Tiere auch die Schichten wechseln. So wie wir in einem Haus die Stockwerke wechseln.

Trage die Namen der Stockwerke ein.

Name:

Schütze die Hecke!

1. Lies den Text und markiere die Aufgaben der Hecke farbig.

Wildhecken sind wichtig für uns und die Natur. Sie bieten vielen, teilweise bedrohten Tieren und Pflanzen einen sicheren Lebensraum. Außerdem sind Hecken wichtige Wanderwege für Tiere. Hier finden sie auf ihrer Reise Nahrung und Schutz. Hecken sind aber auch ein guter Wetterschutz für unsere Felder. Sie bremsen den Wind und sorgen dafür, dass die Erde nicht fortgetragen wird. Wenn es regnet, bleiben die Tropfen an den Sträuchern hängen und fallen nur langsam zu Boden. So bleibt der Boden länger feucht.

2. Welche Regel passt zu welchem Bild? Trage die Nummern ein.

1. Bei einem Heckenbesuch bewege ich mich leise und vorsichtig.
2. Ich ärgere keine Tiere und zertrete keine Pflanzen.
3. Ich sammle nur die Pflanzen und Heckenfrüchte, die ich für meine Forschung brauche und die in der Hecke oft vorkommen.
4. Ich störe keine brütenden Vögel und sammle keine leeren Nester ein.
5. Wenn ich Tiere in einer Becherlupe beobachte, lasse ich sie anschließend wieder frei.
6. Ich nehme meinen Müll wieder mit, denn Müll ist für die Natur schädlich.

Name:

Wer lebt in der Hecke?

Suche alle Tiere und Pflanzen heraus, die in der Hecke leben.
Ordne sie dann richtig in die Tabelle ein.
Tipp: Du findest 12 Heckentiere und 9 Heckenpflanzen.

Haselmaus | Wasserbüffel | Kartoffel | Amsel | Hase

Brombeere | Holunder | Fledermaus | Löwe | Heckenrose

Schlehe | Fuchs | Kröte | Neuntöter | Waldohreule

Lerchensporn | Haselstrauch | Tiger | Leberblümchen | Reh

Igel | Fasan | Spinne | Buschwindröschen | Schöllkraut

Heckenpflanzen	Heckentiere

Name:

Lebensraum Hecke

Eine Hecke bietet Hunderten verschiedenen Tieren einen Lebensraum. Sie finden dort Nahrung und Schutz und können ihre Jungen aufziehen. In der Bodenschicht leben Insekten und Spinnen, während Greifvögel die hohen Sträucher und Bäume als Sitz nutzen, um nach Beute zu spähen. Rebhuhn und Hase verstecken sich in der Hecke vor ihren Feinden. Die Schnecke frisst Blätter von fast allen Heckenpflanzen, während die Amsel gerne die Heckenfrüchte mag. Vögel brüten in den Sträuchern oder geschützt am Boden. Igel und Haselmaus halten im Gestrüpp der Hecke ihren Winterschlaf.

Richtig oder falsch? Kreuze an.

	richtig	falsch
Die Haselmaus überwintert in der Hecke.	◯	◯
Der Mäusebussard sitzt auf einem hohen Strauch und späht nach Beute.	◯	◯
Der Hund lebt ständig in der Hecke.	◯	◯
Die Goldammer baut in der Hecke ihr Bodennest.	◯	◯
Eine Spinne baut niemals in einer Hecke ein Netz.	◯	◯
Zum größten Teil besteht eine Hecke aus orange-roten Tomatenpflanzen.	◯	◯
Eine Hecke bietet den Tieren Deckung und Schutz vor Feinden.	◯	◯
Im Frühjahr bauen viele Vögel ihr Nest in der Hecke.	◯	◯
Die Früchte und Blüten einer Hecke dienen den Tieren als Nahrung.	◯	◯
Wenn ich eine Hecke besuche, mache ich viel Lärm und Krach.	◯	◯
Viele Tiere ziehen in der Hecke ihre Jungen auf.	◯	◯

Name:

Die Hecke im Jahreslauf

Welche Tiere oder Pflanzen sind gemeint? Trage die Namen ein und verbinde.

Ich nutze die Hecke als Ruheplatz.
Ich mag den feuchten Boden.
Im Winter überwintere ich hier.

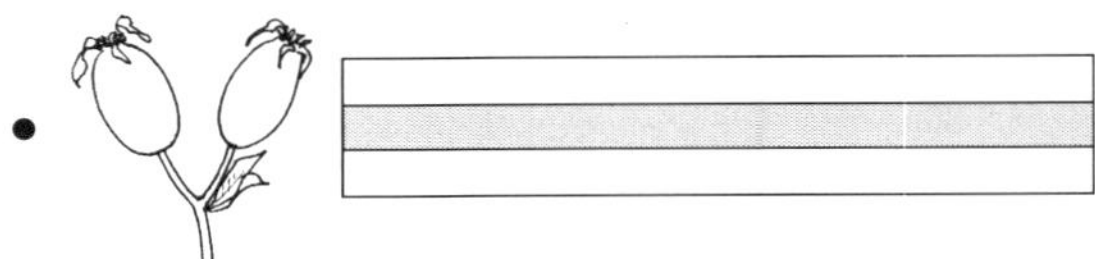

Ich bin eine Heckenpflanze. Meine Nussfrüchte findest du im Herbst. Du kannst sie knacken und essen.

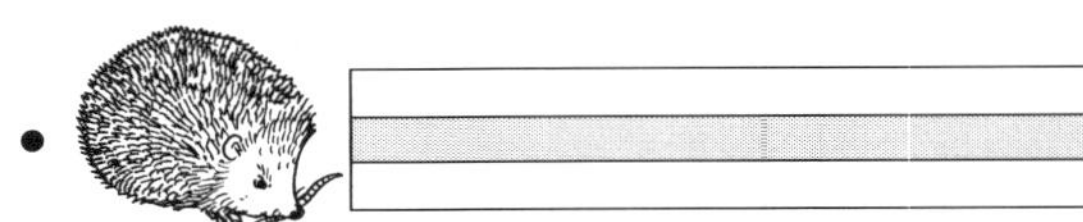

Du findest mich im Herbst an der Hecke. Ich bin eine orangerote Frucht, aus der man Tee oder Marmelade kochen kann.

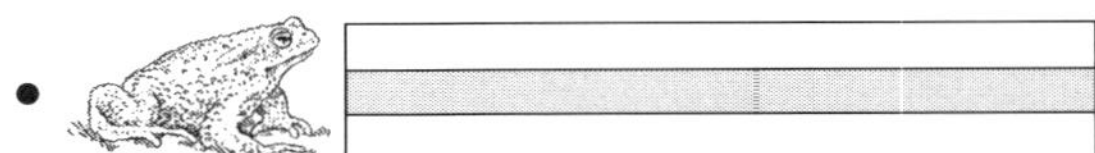

Ich esse gerne Regenwürmer und Schnecken. Meine Jungen haben anfangs ganz weiche Stacheln. Im Winter halte ich einen Winterschlaf.

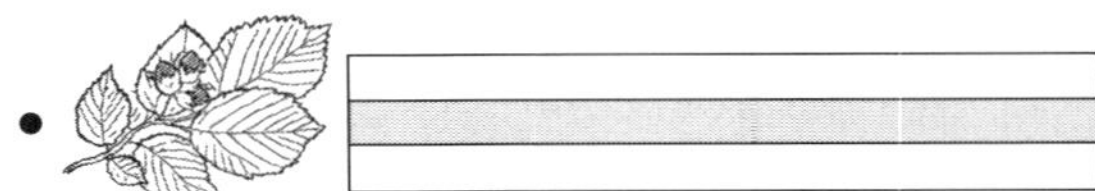

Ich sitze zu jeder Jahreszeit gerne auf einem hohen Baum oder Strauch. Von hier aus spähe ich nach Beutetieren.

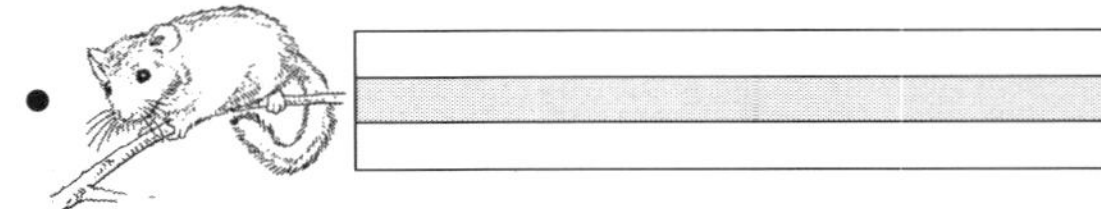

Ich lebe das ganze Jahr über in der Hecke. Im Winter halte ich einen Winterschlaf. Im Sommer esse ich gerne Brombeeren und im Herbst Haselnüsse.

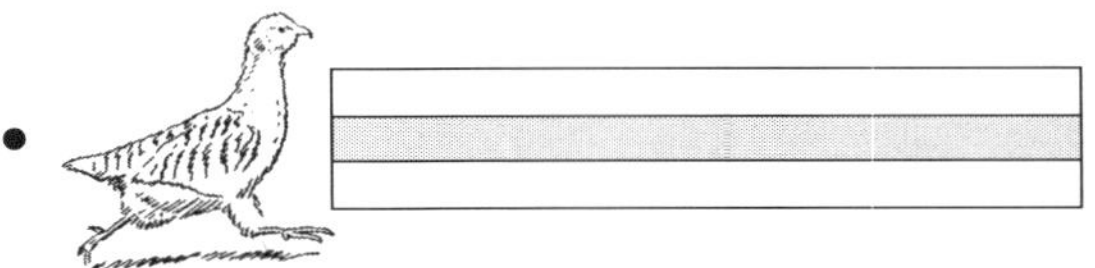

Im Frühjahr baue ich mein Bodennest am äußeren Rand einer Hecke.

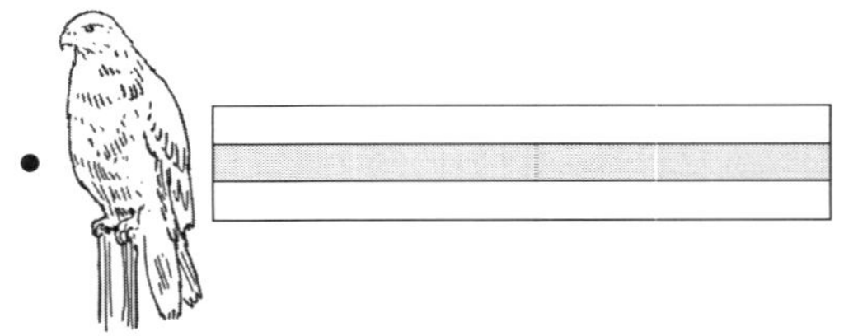

Name:

Die Schlehe

Ordne jedem Bildteil den passenden Text zu. Schreibe die Jahreszeit dazu.

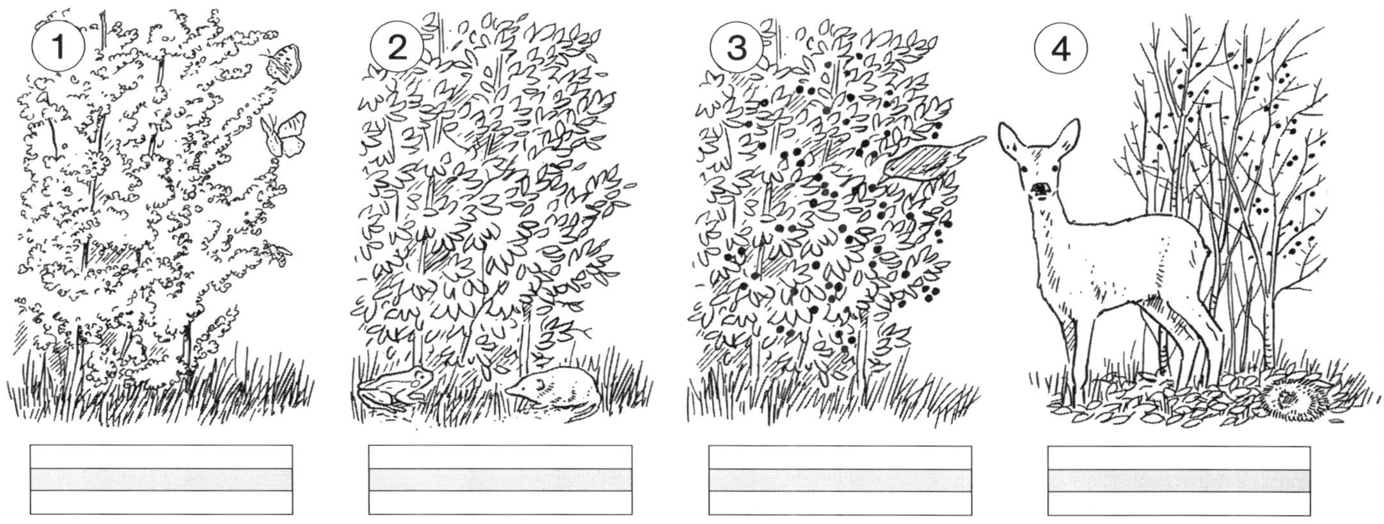

◯ Die Schlehe hat sehr viele grüne Blätter. Unter der Hecke liegen abgefallene Zweige und Blätter, in denen Wiesel und Igel ihre Kinderstube haben. Frosch und Eidechse finden zwischen den Blättern der Schlehenhecke Nahrung und Schutz.

◯ Die Früchte der Schlehe hängen auch zu dieser Jahreszeit am Strauch. Der Igel hat sich einen Speckvorrat angefressen. Gut geschützt schläft er nun in dem dichten Gestrüpp in einem Nest aus Laub und Ästen. Rehe verstecken sich in der dichten Schlehenhecke und schützen sich vor dem kalten Wind.

◯ Die Schlehe blüht strahlend weiß. Zu dieser Jahreszeit hat sie noch keine Blätter. Schmetterlinge und Bienen schwirren umher und suchen in den Blüten der Hecke nach Nektar. Zwischen den dornigen Zweigen bauen Vögel ihre Nester.

◯ Jetzt trägt die Schlehe dunkelblaue, runde Früchte. Vögel fressen sie sehr gerne, vor allem Drosseln. Für uns Menschen schmecken die Schlehenfrüchte sehr sauer und sie müssen erst verarbeitet werden. Der Kern ist sogar giftig.

Name:

Hecken-Abc

Suche zu jedem Buchstaben ein Heckenwort und schreibe es auf. Du kannst in deinem Heckenbuch nachschauen. Findest du auch Wörter zu den Buchstaben C, O, U, X, Y?

A

B

D

E

F

G

H

I

J

K

L

M

N

P

Q

R

S

T

V

W

Z

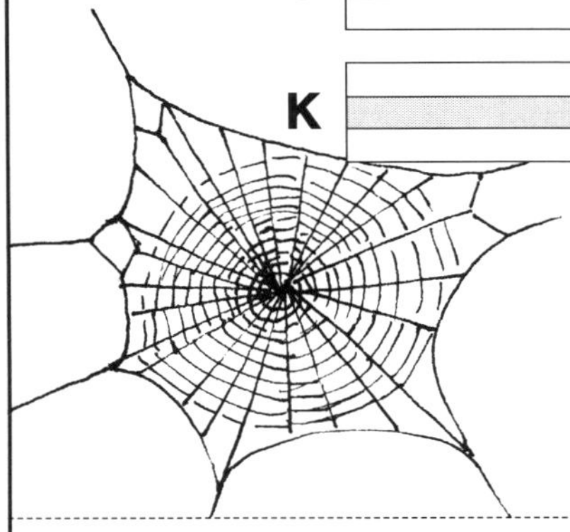

hier umknicken

Amsel, Brombeere, Dornen, Erdkröte, Eidechse, Fuchs, Fasan, Goldammer, Heckenrose, Hase, Haselmaus, Hagebutte, Igel, Juckpulver, Kröte, Kaninchen, Kernzone, Lerchensporn, Laubfrosch, Mantelzone, Moose, Neuntöter, Pilze, Pflanzen der Hecke, Quitte, Reh, Rebhuhn, Spinne, Schlehe, Saumzone, Tiere der Hecke, Thuja, Vogelnest, Vogelbeere, Waldohreule, Wildhecke, Weißdorn, Zonen der Hecke

Hecken-Quiz

Welche Heckentiere halten sich oft in der Baumschicht auf? Nenne drei Tiere.	In welcher Jahreszeit blüht die Schlehe?	Woraus besteht eine Wildhecke?	Wie heißt die Frucht der Heckenrose?	Was wächst auf der Bodenschicht einer Hecke?	Was macht der Igel im Winter?
Amsel, Neuntöter, Waldohreule, Mäusebussard …	Im Frühjahr.	Aus Sträuchern, Bäumen, Blumen, Kräutern.	Hagebutte.	Moose, Flechten, Pilze.	Er hält einen Winterschlaf.

Wie heißt der äußere Rand einer Hecke? Welche Tiere bauen hier ihr Nest?	Was bietet die Hecke den Tieren?	Kennst du drei Heckenpflanzen?	Was frisst die Haselmaus?	In welcher Jahreszeit gibt es Hagebutten?	Wann besuchen viele Zugvögel eine Hecke?
Das ist die Saumzone. Hier bauen Rebhuhn, Fasan und Goldammer ihr Bodennest.	Nahrung, Schutz vor Feinden, sie bauen Nester, Kinderstube.	Heckenrose, Hasel, Brombeere, Holunder, Schöllkraut, Schlehe, Buschwindröschen …	Brombeeren und Haselnüsse.	Im Herbst.	Im Herbst, wenn die Früchte reif sind.

2. Kapitel: Tiere der Hecke

Die Kopiervorlagen auf einen Blick

Seite	KV-Titel	Dauer	Lernziele	Didaktisch-methodische Hinweise
32	Wilde Heckentiere	1 UE*	• Abrufen von Vorwissen der Schüler • Kennenlernen unterschiedlicher Heckentiere	Brainstorming, Einzel- oder Partnerarbeit, Vertiefung des Themas in Kleingruppen möglich
33	Mein Heckentier	1 UE	• Genaueres Kennenlernen und Erforschen von Heckentieren durch Anlegen von Steckbriefen • Recherchemethoden kennenlernen	Einzel- und Gruppenarbeit, Klassengespräch, Differenzierung möglich (Quiz), Recherche
34	Welches Tier ist das?	½ UE	• Kennenlernen weiterer Heckentiere und ihrer Gewohnheiten • Erkennen von Heckentieren anhand spezifischer Merkmale	Einzel- oder Partnerarbeit, Unterrichtsgespräch, Erweiterung als Lernkartei oder Quiz möglich
35	Tiere hinterlassen Spuren	1 UE	• Feststellen, dass Tiere ganz unterschiedliche Spuren hinterlassen können • Anhand verschiedener Anzeichen und Spuren erkennen, dass Tiere in einer Hecke leben	Brainstorming, Einzel- oder Kleingruppenarbeit, Rätsel, Ergebnissicherung, als Hausaufgabe geeignet
36	Wem gehört der Fußabdruck?	½ UE	• Bestimmen von Tieren anhand ihrer Fußspuren	Einzelarbeit, Ergebnissicherung, als Hausaufgabe geeignet
37	Knabberspuren	1 UE	• Untersuchen von Fraßspuren an Nüssen	Einzel- oder Partnerarbeit, Klassengespräch, Vertiefung
38	Welches Tier frisst was?	1 UE	• Untersuchen von Nahrungsbeziehungen im Lebensraum Hecke • Verständnis für Nahrungsketten entwickeln	Brainstorming, Einzelarbeit, Klassengespräch, Vertiefung möglich
39	Erdkröte und Haselmaus	1 UE	• Zwei Heckentiere genauer kennenlernen und hinsichtlich ihrer Merkmale einordnen	Brainstorming, Einzelarbeit, Partner- oder Gruppengespräch, als Hausaufgabe geeignet, Grundwissen aufbauen
40	Hier kommt die Haselmaus	1 UE	• Genaueres Erforschen der Haselmaus	Einzelarbeit, Ergebnissicherung durch Rätselaufgabe, als Hausaufgabe geeignet
41	Der Igel	1 UE	• Genaueres Kennenlernen der Lebensgewohnheiten eines Igels	Brainstorming, Einzelarbeit, Vertiefung des Themas als Hausaufgabe möglich
42	Igel-Durcheinander	1 UE	• Der Igel als Winterschläfer	Einzelarbeit, Klassengespräch, erweiternde Hausaufgabe möglich
43	Tier-Domino	1 UE	• Spielerische Beschäftigung mit Heckentieren durch Einsatz eines Domino-Spiels	Einzel- oder Partnerarbeit, Lernkartei, Ergebnissicherung, für Stationentraining oder Freiarbeit geeignet

* UE = Unterrichtseinheit

Zu den einzelnen Kopiervorlagen

KV Seite 32

Wilde Heckentiere

Einstieg

Brainstorming: Kennen die Schüler bereits einige typische Heckentiere? Schreiben Sie die Begriffe an die Tafel. Zeigen Sie den Kindern Bilder verschiedener Heckentiere. Welches Vorwissen haben die Schüler? Was möchten sie über die Heckentiere genauer erfahren? Haben alle Kinder einige der Tiere schon einmal in natura gesehen?

Zum Einsatz der KV

Lesen Sie den Text gemeinsam. Er enthält die gesuchten Begriffe. Die Schüler können zur besseren Orientierung die Tiernamen im Text unterstreichen.
Erläutern Sie, dass sich die gesuchten Wörter waagerecht und senkrecht im Rätsel von Aufgabe 2 befinden. Aufgabe 2 kann in Einzel- oder Partnerarbeit durchgeführt werden.

Lösung

M	L	K	Ä	F	E	R	N	Z	W	I	E	B	E
I	C	T	W	E	W	P	S	F	T	E	G	A	S
L	H	U	M	M	E	L	U	U	W	U	O	F	K
S	O	L	A	S	M	R	S	C	N	R	L	Z	V
R	V	S	U	H	Y	X	C	H	G	H	D	T	T
H	A	S	E	L	M	A	U	S	A	M	A	U	I
R	M	C	E	M	O	U	T	F	B	E	M	L	G
A	L	V	B	Z	J	R	E	A	B	C	M	P	E
Ä	Ö	L	L	W	E	K	Z	A	I	N	E	E	L
N	I	S	C	H	N	E	C	K	E	E	R	G	T
S	C	H	N	E	E	G	L	Ö	N	K	C	N	E
L	X	E	R	D	K	R	Ö	T	E	J	E	V	H

Ergebnissicherung

Die Schüler können die gefundenen Begriffe auf ein Blatt schreiben und die Tiere neben die Begriffe malen. Das fertige Blatt kann (zusammen mit der KV) im Heckenbuch abgeheftet werden.

Weiterführende Anregungen

- Die Kinder bilden Kleingruppen oder Tandems und recherchieren jeweils zu einem der neun Heckentiere. Abschließend können sie einen Kurzvortrag zu ihrem Tier vor der Klasse halten.
- Schauen Sie sich gemeinsam mit den Schülern den Film „Ab durch die Hecke" an.

KV Seite 33

Mein Heckentier

Vorbereitung

Legen Sie verschiedene Sachbücher, Lexika und evtl. Ausdrucke aus dem Internet über Heckentiere auf einem Tisch im Klassenzimmer aus.

Einstieg

Jeder Schüler sucht sich ein Tier aus, das er gerne näher erforschen möchte. Er verrät den anderen Kindern dabei nicht, welches Tier er gewählt hat, sodass die anderen später anhand der Steckbriefangaben erraten müssen, um welches Tier es sich handelt. Wenn Sie Zugang zu PCs in der Schule/im Klassenzimmer haben, können die Schüler in geeigneten Suchmaschinen für Kinder (z. B. *www.blinde-kuh.de* oder *www.kinder-tierlexikon.de*) nach ihrem Heckentier suchen und wichtige Merkmale und Lebensgewohnheiten herausfinden. Alternativ nutzen sie die Bücher.

Zum Einsatz der KV

Dieser Arbeitsauftrag lässt sich in spielerischer Form als Quiz durchführen. Hierfür füllen die Schüler den Steckbrief zunächst in Einzelarbeit aus. Anschließend stellen einige Kinder ihren Steckbrief, ohne den Namen des Tieres zu nennen, im Klassenplenum vor: „Welches Tier ist das wohl?", „Ratet mal, was ich für ein Heckentier habe." Die anderen Schüler versuchen anhand der Angaben herauszufinden, um welches Tier es sich handelt. Dabei ist es wichtig, genau auf die jeweiligen Merkmale der Tiere einzugehen, sodass es zu keinen Verwechslungen kommen kann. Haben mehrere Kinder das gleiche Tier gewählt, tauschen sie sich nach der Quizrunde darüber aus und ergänzen ggf. ihren Steckbrief.
Damit der Steckbrief zunächst wirklich „geheim bleibt", kann er auch von den Kindern als Hausaufgabe erstellt werden. Voraussetzung ist, dass die Schüler zu Hause Zugang zu einem Computer mit einer Kindersuchmaschine haben oder in Büchern Informationen zu ihrem Tier nachschlagen können. Dieses Arbeitsblatt eignet sich auch für die Arbeit in einer Kleingruppe. Jeweils drei bis vier Schüler erarbeiten gemeinsam einen Steckbrief und die anderen Gruppen erraten, welches Tier es ist.
In den Rahmen können die Kinder ihr Heckentier malen oder alternativ ein Foto einkleben.

Differenzierungsmöglichkeit

Leistungsstarke Schüler können weitere Steckbriefe/Rätsel zu anderen Tieren anlegen oder den Steckbrief erweitern: So überwintert das Tier/So sehen die Jungen des Tieres aus/So kümmert sich das Tier um seinen Nachwuchs etc.

Beispiellösungen

Mein Heckentier: Amsel

Hier lebt das Tier: in Gärten, Hecken, Parks, im Wald, auf Sträuchern und Bäumen

Das frisst es gerne: Regenwürmer, Käfer, Schnecken, Spinnen, Raupen, Beeren und Früchte

Ein besonderes Merkmal: Der Schnabel des Amselmännchens ist gelb. Außerdem hat es einen gelben Ring um die Augen.

Das sind seine Feinde: Katzen, Greifvögel, Marder

Ist das Tier tagsüber oder nachts unterwegs? tagsüber

Das weiß ich noch über das Tier: Das Amselmännchen ist schwarz, während das Weibchen braun ist. Zur Amsel sagt man auch Schwarzdrossel. Das Amselmännchen hat einen lauten Gesang, den man gut wiedererkennt.

Mein Heckentier: Haselmaus

Hier lebt das Tier: in Wäldern und Hecken, am Boden und in den Ästen von Bäumen und Sträuchern

Das frisst es gerne: Haselnüsse, Brombeeren, Himbeeren, Knospen, Insekten

Ein besonderes Merkmal: Die Haselmaus kann sehr gut klettern. Die meiste Zeit klettert sie in Bäumen oder zwischen Sträuchern. Dabei benutzt sie ihren Schwanz zum Steuern.

Das sind seine Feinde: Fuchs, Wiesel, Eule, Greifvögel

Ist das Tier tagsüber oder nachts unterwegs? nachts

Das weiß ich noch über das Tier: Tagsüber schläft die Haselmaus in ihrem Kugelnest, dem Kobel. Das Nest baut sie sich in den Ästen von Bäumen, zwischen Sträuchern, in Nistkästen oder in Baumhöhlen. Für das Nest nimmt sie Gras oder Laub.

Im Herbst frisst sie sehr viele Haselnüsse und legt sich dadurch einen Winterspeck an. Innerhalb weniger Wochen verdoppelt sie ihr Körpergewicht. Ihren Winterschlaf hält die Haselmaus von Oktober bis April, in dieser Zeit frisst sie nichts. Das Winternest baut sie am Boden, in Baumstümpfen oder Erdhöhlen bzw. unter Moos oder einer lockeren Laubschicht. Die Haselmaus bekommt ein- bis zweimal im Jahr Junge. Für ihre Jungen baut sie wieder ein neues, großes Nest.

Ergebnissicherung

Die Kinder heften den Steckbrief in ihr Heckenbuch.

Die verschiedenen Steckbriefe können für jeden Schüler kopiert werden, sodass alle eine Steckbrief-Übersicht über verschiedene Heckentiere besitzen.

Weiterführende Anregungen

- Mögliche Hausaufgabe: Die Schüler gehen am Nachmittag zu einer Hecke und schauen, ob sie dort ihr Steckbrieftier entdecken. Möglicherweise finden sie zu ihrem Tier noch ein Merkmal, das im Steckbrief fehlt.
- Hören Sie mit den Schülern zur Einstimmung auf einen Heckenbesuch eine CD mit Vogelgesängen und -stimmen.

Welches Tier ist das?

Einstieg

Besprechen Sie im Plenum Tiere, die möglicherweise noch unbekannt geblieben sind, wie Fledermaus, Neuntöter, Rebhuhn oder Fasan. Zeigen Sie dazu auch Bilder dieser Tiere. Gehen Sie dann auch auf die Heckentiere ein, die in unseren heimischen Gärten häufiger vorkommen, wie Rotkehlchen, Grasmücke, Elster, Taube, Ameise, Spinne u. Ä. Was wissen die Schüler über diese Tiere, die sie alle sicher schon häufiger gesehen haben?

Zum Einsatz der KV

Geben Sie den Schülern ca. 15 Minuten Zeit, um die Sätze zu lesen. Das Arbeitsblatt eignet sich auch für die Partnerarbeit. Ein Kind liest den Text vor und der Partner errät, um welches Tier es sich handelt.

Lösung

richtige Reihenfolge: Fledermaus – Rebhuhn – Fuchs – Neuntöter – Erdkröte

Weiterführende Anregungen

- Die Kinder erstellen weitere Rätseltexte zu Heckentieren. Die Rätsel können auf Karteikarten geschrieben und laminiert werden (mit der Lösung auf der Rückseite). Die Karten eignen sich als Lernkartei oder als Quiz für die Freiarbeit.
- Die Schüler denken sich eine Kettengeschichte zur Hecke aus. Hierzu setzen sich alle Kinder in einen Kreis. Das erste Kind beginnt die Geschichte von einer Haselmaus, die durch die Hecke klettert, anderen Tieren begegnet und dabei etwas erlebt. Der Reihe nach denkt sich nun jeder Schüler einen Satz dazu aus, was in der Hecke alles passieren könnte. Die Sätze können fantasievoll sein.
  Zum Beispiel:
  Die Haselmaus erwacht aus ihrem Winterschlaf.
  Sie hat großen Hunger.
  Da sieht sie oben am Strauch eine große Haselnuss.
  Sie klettert los und begegnet einer Schnecke.
  Die Schnecke ist gerade dabei, ihr Haus, das sie immer bei sich trägt, zu putzen …

KV Seite 35

Tiere hinterlassen Spuren

Einstieg

Brainstorming: Was vermuten die Schüler, was Heckentiere alles an Spuren hinterlassen können? Es sind nicht nur Fußspuren, sondern auch Fraßspuren, leere Vogelnester, Schalen von Vogeleiern, Federn, Spinnennetze u. Ä. Schreiben Sie alle Begriffe an die Tafel. Wenn möglich, bringen Sie einige „Spuren“ mit und zeigen sie den Kindern (leere Schneckenhäuser, angeknabberte Haselnuss, Haut einer Blindschleiche etc.).

Zum Einsatz der KV

Geben Sie den Schülern mindestens 10 Minuten Zeit, um die Umschreibungen zu lesen und die richtigen Begriffe in das Kreuzworträtsel einzutragen. Das Arbeitsblatt dient der Ergebnissicherung. Die Kinder können es selbstständig im Unterricht (einzeln oder in der Kleingruppe) oder als Hausaufgabe bearbeiten.

Lösung

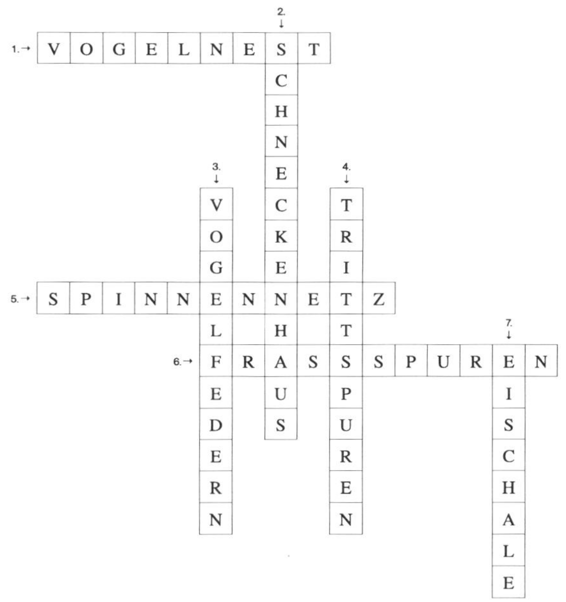

Ergebnissicherung

Die Ergebnisse werden im Plenum vorgestellt und diskutiert. Mögliche Hausaufgabe: Am Nachmittag besuchen die Kinder eine Garten- oder Wildhecke und suchen nach Spuren, die darauf hinweisen, dass Tiere in der Hecke leben oder als Besucher kommen. Sie können ihre Fundstücke am nächsten Tag mitbringen und vorstellen.

KV Seite 36

Wem gehört der Fußabdruck?

Einstieg

Zeigen Sie den Schülern Fotos oder Abbildungen unterschiedlicher Tierspuren. Zum besseren Verständnis können sich die Kinder einmal die Sohlen ihrer eigenen Schuhe anschauen: Auch sie hinterlassen auf feuchtem Boden unterschiedliche Fußabdrücke. Entsprechendes gilt für Barfußlaufen im feuchten Sand.

Zum Einsatz der KV

Das Arbeitsblatt dient der Ergebnissicherung. Die Schüler können es selbstständig im Unterricht oder als Hausaufgabe bearbeiten.

Lösung

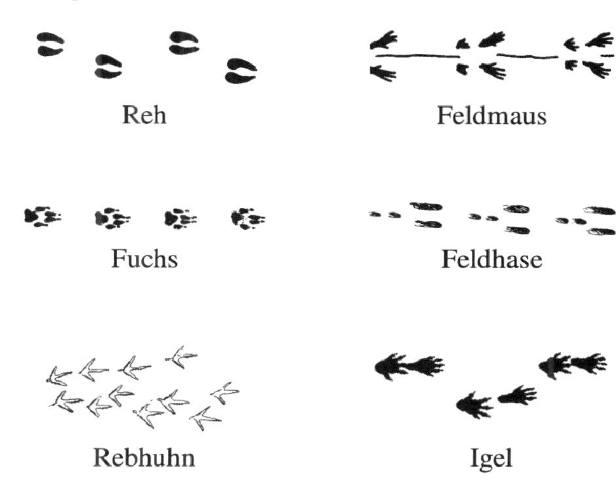

Ergebnissicherung

Die Schüler heften das Blatt in ihr Heckenbuch.

Weiterführende Anregungen

- An dieser Stelle können Sie darauf hinweisen, dass die Fußabdrücke kleinerer Tiere meist näher beieinander liegen als die größerer Tiere. Je schneller das Tier läuft, desto größer wird der Abstand zwischen seinen Fußabdrücken.
- Zur anschaulichen Gestaltung des Themas können Sie gemeinsam mit den Schülern Papier mit farbigen Fußabdrücken von Tieren betupfen und so Geschenkpapier herstellen. Nehmen Sie hierzu die Tier-Laufspuren vom Arbeitsblatt als Vorlage und pausen Sie sie ab, ggf. können Sie sie vorher vergrößern. Stellen Sie dann mehrere Schablonen aus dickerem Tonpapier oder Tonkarton her und schneiden Sie sie aus. Die Schüler schneiden nun mit einer dünnen Schere das Innere der Schablone aus,

sodass nur noch der äußere Rand stehen bleibt, alternativ schneiden sie nur das Innere der Schablone mehrfach ein. Dann legen die Kinder diese Vorlagen in kleineren bzw. größeren Abständen auf einen großen Bogen weißes Papier oder Packpapier. Nun tupfen sie mit einem Pinsel Wasserfarbe oder Schulmalfarbe durch die Vorlage auf das Papier und umfahren die Schablone auch über die Ränder hinweg mit Farbe, sodass nach dem Entfernen der Schablone ein Abdruck zurückbleibt.

Knabberspuren

Einstieg

Haben die Schüler schon einmal angenagte Nüsse in Garten oder Wald entdeckt? Wissen sie, dass man anhand der Fraßspuren herausfinden kann, von welchem Tier sie stammen? Überlegen Sie zunächst einmal gemeinsam im Plenum, welche Tiere Nüsse fressen. Was glauben die Schüler, auf welche Weise die Tiere an die Nussfrucht im Innern herankommen? Zeigen Sie Fotos oder Skizzen von Nüssen mit Fraßspuren unterschiedlicher Tiere. Ggf. haben Sie Nussexemplare, an denen man Nagespuren entdecken kann und die Sie den Kindern zeigen können.

Zum Einsatz der KV

Lesen Sie den Text zunächst gemeinsam. Er enthält wichtige Hilfestellungen, um Aufgabe 2 lösen zu können. Besprechen Sie Begriffe, die möglicherweise unbekannt sind. Die Kinder lösen Aufgabe 2 dann einzeln oder mit einem Partner.

Lösungen

Aufgabe 1:

(...) Eine Feldmaus nagt ein Loch in die Schale und zieht die Nuss mit den Zähnen heraus. (...) Das Eichhörnchen nagt zuerst eine Furche quer in die Schale und sprengt die Nussschale in zwei Hälften. (...) Eine Haselmaus knabbert erst ein kleines Loch in die Schale. (...) Der Haselnussbohrer ist ein Käfer. (...)

Aufgabe 2:

Eichhörnchen

Feldmaus

Haselnussbohrer

Haselmaus

Ergebnissicherung

Die Ergebnisse werden im Plenum vorgestellt und diskutiert. Mögliche Hausaufgabe für den Herbst: Am Nachmittag suchen die Schüler im Wald bzw. an einer Hecke heruntergefallene Nüsse und untersuchen sie hinsichtlich der Nagespuren.

Weiterführende Anregungen

- Zur Veranschaulichung: Auch Schülerzähne hinterlassen Spuren. Jedes Kind nimmt sich einen Apfel und beißt hinein. Welche Spuren hinterlassen die Zähne? Hinterlässt jeder Schüler die gleichen Spuren am Apfel?
- An dieser Stelle können Sie darauf hinweisen, dass der Haselnussbohrer bei uns recht häufig vorkommt. Er gehört zu den Rüsselkäfern. Die weiblichen Käfer bohren ein Loch in die Nussschale und legen ihre Eier hinein. Die Käferlarven ernähren sich dann von der Nuss im Innern. Ist diese aufgefressen, so nagen sie sich durch das alte Loch nach außen.

Welches Tier frisst was?

Einstieg

Brainstorming: Können die Schüler aufzählen, was Heckentiere alles fressen? Entdecken sie dabei schon Nahrungsbeziehungen bzw. Nahrungsgeflechte? Sammeln Sie spontane Äußerungen an der Tafel. Erläutern Sie, dass es unter den Tieren Pflanzenfresser gibt und solche, die sich von anderen Tieren ernähren. Zeigen Sie Fotos von typischen Pflanzenfressern, wie Schnecke, Hase und Reh. Zeigen Sie dann Bilder von Fuchs und Neuntöter als Räuber/Fleischfresser. Führen Sie die Begriffe Nahrungskette und Nahrungsnetz ein.

Zum Einsatz der KV

Geben Sie den Schülern ungefähr 15 Minuten Zeit, um die Sätze zu lesen und Passendes zu unterstreichen. Anschließend verbinden die Schüler die abgebildeten Tiere mit der entsprechenden Nahrung. Dabei entsteht ein Nahrungsnetz.

Lösungen

Aufgabe 1:

Der Igel mag gerne Schnecken und Regenwürmer. Er frisst auch Früchte wie Brombeeren und Wurzeln von Pflanzen. Deshalb ist er ein Allesfresser.
Die Erdkröte ernährt sich von Regenwürmern und Schnecken. Tiere, die Fleisch fressen, nennt man Räuber.
Der Neuntöter frisst Bienen und Käfer.
Der Fuchs fängt Mäuse, Regenwürmer und Kaninchen als Nahrung.

Bienen mögen gerne den Nektar von blühenden Heckenpflanzen.
Kaninchen sind Pflanzenfresser. Sie knabbern Gräser, Kräuter und Blätter.
Der Mäusebussard frisst Mäuse und Kröten.
Die Schnecke mag Blätter, Blüten und Stängel von vielen Heckenpflanzen.

Aufgabe 2:

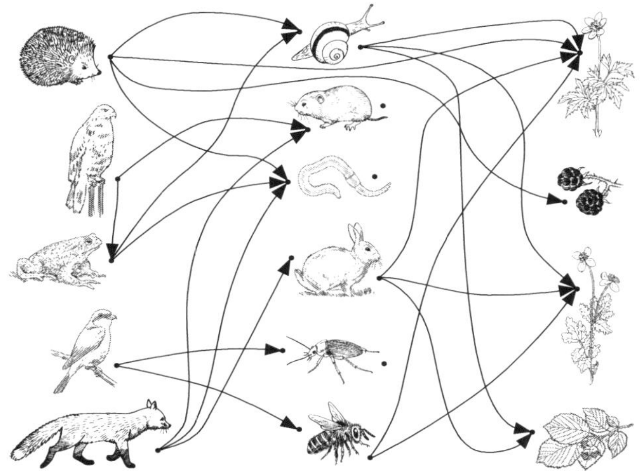

Ergebnissicherung
Die Ergebnisse werden im Plenum vorgestellt und diskutiert. Lassen Sie die Schüler Gemeinsamkeiten zwischen den Nahrungsketten herausfinden. Am Anfang steht meistens ein Fleischfresser (Räuber), es folgt ein Pflanzenfresser und am Ende stehen Pflanzen. Allerdings können auch die Räuber wieder zur Beute anderer Tiere werden.

Weiterführende Anregungen

- Die Kinder können Fleischfresser, Pflanzenfresser und Allesfresser in verschiedenen Farben markieren.
- Schreiben Sie die Tiere und ihre Nahrung von Aufgabe 1 auf einzelne Kärtchen. Legen Sie mit den Kindern ein Nahrungsnetz der Hecke, das ergänzt werden kann.

Erdkröte und Haselmaus

Einstieg
Brainstorming: Was wissen die Schüler über Erdkröten bzw. Haselmäuse? Die Kinder, die diese Tiere als Steckbrieftiere gewählt haben, stellen ihre Tiere noch einmal vor. Besprechen Sie die spezifischen Merkmale beider Tiere.

Zum Einsatz der KV
Geben Sie den Schülern mindestens 15 Minuten Zeit, um die Sätze zu lesen. Die Kinder können ihre Ergebnisse mit einem Partner oder in der Kleingruppe besprechen und korrigieren.

Lösung
(Die Reihenfolge der Sätze kann variieren.)

- Erdkröte: Ich mag feuchten Boden und lebe in einer Hecke, im Wald oder im Garten. Ich fresse gerne Würmer, Schnecken und Spinnen. Im Frühjahr wandere ich zu einem See. Dort lege ich meine Eier ab. Aus den Eiern schlüpfen Kaulquappen, die sich zu kleinen Kröten entwickeln. Im Winter grabe ich mich in die Erde ein und halte Winterruhe.
- Haselmaus: Tagsüber schlafe ich in meinem Nest. Ich kann gut klettern. Ich fresse gerne Haselnüsse. Um an die leckere Nuss zu kommen, nage ich die Schale auf. Im Herbst fresse ich mir eine dicke Speckschicht an. Für meinen Winterschlaf baue ich mir am Boden ein Winternest. Darin schlafe ich von Oktober bis März.

Ergebnissicherung
Die Ergebnisse werden im Plenum vorgestellt und diskutiert. Die Schüler heften das Extrablatt mit den aufgeklebten Texten in ihr Heckenbuch.

Weiterführende Anregung
An dieser Stelle können Sie darauf hinweisen, dass Erdkröten bei ihrer Wanderung zu den Laichgewässern zum Teil große Strecken zurücklegen. Auf dem Weg zum Wasser sind sie gefährdet, da ihr Weg häufig über Straßen führt. An manchen Stellen werden Krötentunnel gebaut, damit die Tiere Straßen gefahrlos unterqueren können. Lassen Sie die Kinder noch mehr Informationen über diese Tiere sammeln, z. B. unter *www.nabu.de/tiere-und-pflanzen/.* Vielleicht gelingt es Ihnen, ein wenig Sympathie für diese im Vergleich zur Haselmaus nicht besonders hübschen Tiere zu erreichen.

Hier kommt die Haselmaus

Einstieg
Hier wird speziell auf die Lebensweise der geschützten Haselmaus eingegangen. Die Kinder können dazu auch Information aus dem Haselmaus-Text von Seite 39 nutzen. Besprechen Sie Aussehen, Lebensweise, Fortbewegung – sie klettert beinahe ebenso geschickt wie ein Affe – und Nahrung dieses Tieres.

Zum Einsatz der KV
Geben Sie den Schülern mindestens 15 Minuten Zeit, um die Sätze zu lesen. Das Arbeitsblatt dient der spielerischen

Ergebnissicherung. Die Kinder können es selbstständig im Unterricht oder als Hausaufgabe bearbeiten.

Lösung

Lösungswort:

B	R	O	M	B	E	E	R	E	N

Ergebnissicherung

Die Ergebnisse der Einzelarbeiten werden im Plenum vorgestellt und diskutiert.

Weiterführende Anregungen

- Die Haselmaus kann vertiefend in einem Expertenpuzzle erarbeitet werden: Je eine Gruppe beschäftigt sich mit dem Aussehen, der Nahrung/den Fressfeinden, der Fortpflanzung, dem Lebensraum und der Lebensweise der Haselmaus. Anschließend mischen sich die Gruppen neu, wobei jeweils ein „Experte" aus den Ausgangsgruppen dabei ist. Nun können die Informationen aus allen Gruppen zusammengetragen bzw. Aufgaben zu allen Bereichen gemeinsam bearbeitet werden.
- Die Schüler schreiben ein Gedicht, entweder als Elfchen oder Haiku, über die Haselmaus.

Der Igel

Einstieg

Brainstorming: Wie genau kennen die Kinder den Igel? Die Schüler, die ihn als Steckbrieftier gewählt haben, stellen das Tier noch einmal vor. Besprechen Sie spezifische Merkmale des Igels.

Zum Einsatz der KV

Geben Sie den Schülern mindestens 10 Minuten Zeit, um den Text zu lesen und zu bearbeiten. Dazu eignet sich auch Partnerarbeit gut, wobei leseschwächere und -stärkere Kinder zusammenarbeiten sollten.
Der Text kann dann als vertiefende Hausaufgabe abgeschrieben und somit wiederholt werden.

Lösung

Der Igel frisst gerne Regenwürmer. Er mag aber auch Insekten. An seinen Zehen hat der Igel scharfe Krallen. Bei Gefahr rollt er sich zu einer Stachelkugel zusammen. So ist er gut vor seinen Feinden geschützt. Der Igel kann sehr gut riechen und hören, aber sehen kann er nur schlecht. Meistens ist er in der Dämmerung und nachts unterwegs. Einmal oder zweimal im Jahr bekommt der Igel Junge. Nach der Geburt sind die Stacheln kleiner Igel noch ganz weich. Im Winter hält er einen langen Winterschlaf. Vorher frisst sich der Igel eine dicke Speckschicht an.

Ergebnissicherung

Die Kinder lesen reihum jeweils einen der Sätze vor und korrigieren ggf. ihr Ergebnis. Sie können das Blatt anschließend in ihr Heckenbuch heften und ein Bild eines Igels dazumalen oder ein Foto eines Igels dazukleben.

Weiterführende Anregungen

- Überlegen Sie gemeinsam mit den Schülern, wie sie einen heimischen Garten igelfreundlich gestalten können. Zum Beispiel eine dichte Hecke aus einheimischen Pflanzen anlegen, das herabgefallene Laub im Herbst liegenlassen, einen Durchschlupf zu Nachbargärten lassen, unter der Hecke und unter Gebüsch nicht mähen, eine kleine Wasserstelle einrichten. Zusätzlich kann man einem Igel im Garten ein kleines Igelhaus als Unterschlupf und für den Winterschlaf anbieten.
- Starten Sie mit den Schülern das Igel-Netzspiel. Hierfür setzen sich alle Kinder in einen Kreis. Nehmen Sie ein Wollknäuel und beginnen Sie das Spiel, indem Sie das Knäuel einem Kind zuwerfen und dabei ein Stichwort sagen, z. B. Igel. Das Ende des Fadens halten Sie dabei in der Hand. Das Kind fängt das Knäuel auf und fügt einen passenden Satz hinzu, z. B.: „Der Igel hält einen langen Winterschlaf." Nun sagt der Schüler einen neuen Begriff und wirft das Knäuel dem nächsten Kind zu. Das Knäuel wandert hin und her, wobei jeder Schüler den Faden in der Hand behält. Auf diese Weise werden die Kenntnisse über den Igel erweitert und vertieft. Unter den Kindern entsteht im Laufe des Spiels ein Netzwerk. Dieses Spiel kann außer mit dem Igel auch mit anderen Heckentieren durchgeführt werden.

Igel-Durcheinander

Einstieg

Besprechen Sie mit den Schülern, wie sich der Igel im Winter verhält. Was kennzeichnet den Winterschlaf? Damit der Igel gut durch den Winter kommt, frisst er sich im Herbst eine Speckschicht an. Während des Winterschlafs zehrt er dann von dieser Speckschicht. Hat der Igel genügend zugelegt und ein entsprechendes Körpergewicht erreicht, baut er unter Sträuchern und Büschen ein Nest aus Laub. Dieses Nest bietet ihm im Winter Wärme und Schutz. Im Winterschlaf wird die Körpertemperatur stark herabgesetzt, die Atmung und der Herzschlag stark reduziert.

Zum Einsatz der KV

Geben Sie den Schülern mindestens 20 Minuten Zeit, um den Text zu lesen und die Wortkärtchen zuzuordnen. Das Blatt kann auch in der Freiarbeit Verwendung finden.

Lösung

Im Herbst frisst der Igel ganz viele Käfer und ~~Bonbons~~ Schnecken, damit er immer dicker wird. So kommt er gut durch den ~~Kindergarten~~ Winter. Wenn er genug gefressen hat, baut er sich ein ~~Fahrrad~~ Nest aus dem Laub der Hecke und kleinen Ästen. Darin schläft er dann ungefähr ein halbes ~~Kilogramm~~ Jahr, bis der Winter vorbei ist. Liegt die Temperatur längere Zeit ungefähr bei zehn Grad, wacht der ~~Leopard~~ Igel wieder auf. Dann hat er sehr großen Hunger und frisst erst einmal ganz viele ~~Gummischlangen~~ Regenwürmer.

Ergebnissicherung

Die Ergebnisse werden im Plenum vorgestellt und diskutiert. Auch dieses Blatt heften die Kinder in ihr Heckenbuch.

Weiterführende Anregungen

- An dieser Stelle können Sie den Schülern den Unterschied zwischen Winterschlaf, Winterruhe und Winterstarre erläutern. Tiere, die Winterruhe halten, wie z. B. das Eichhörnchen, wachen zwischendurch häufiger auf und suchen nach Nahrung. Sie senken ihre Körpertemperatur nicht so stark ab wie die Tiere, die einen Winterschlaf halten. Im Herbst fressen winterruhende Tiere sich keine Speckschicht an, sondern verstecken Vorräte. Die Erdkröte fällt bei Temperaturen, die einen bestimmten Mindestwert unterschreiten, in eine Winterstarre. Sie kommt erst wieder aus ihrem Versteck, wenn es wärmer wird.
- Mögliche Hausaufgabe: Die Schüler suchen in geeigneten Kindersuchmaschinen im Internet, wie z. B. *www.blinde-kuh.de*, nach weiteren Tieren, die Winterschlaf oder Winterruhe halten bzw. in eine Winterstarre fallen. Sie ordnen die Tiere entsprechend in eine Tabelle ein.

Tier-Domino

Vorbereitung

Die Schüler schneiden die Dominokarten aus. Weisen Sie die Kinder darauf hin, nur an den gestrichelten Linien zu schneiden. Für die dauerhafte Verwendung als Freiarbeitsmaterial/in einer Lerntheke empfiehlt es sich, die Kärtchen zu vergrößern und zu laminieren.

Zum Einsatz der KV

Die Schüler verteilen die Dominokarten offen vor sich auf dem Tisch und legen sie dann so aneinander, dass jeweils ein Wort an das passende Tierbild gelegt wird. Das Domino eignet sich auch für die Partnerarbeit. Die Schüler legen die passenden Paare abwechselnd aneinander. Mit dem Spiel können die Tiere der Hecke wiederholt und gefestigt werden.

Weiterführende Anregungen

- Das Domino kann auch zur Paarbildung von Schülern eingesetzt werden. Hierfür werden die Kärtchen gemischt, jedes Kind zieht ein Kärtchen. Anschließend finden sich die Kinder zusammen, die passende Domino-Paare gezogen haben.
- Bild- und Wortkarten können auch zerschnitten und für das Spiel „Paare finden" verwendet werden. Dafür werden alle Karten verdeckt auf den Tisch gelegt. Die Spieler drehen abwechselnd jeweils zwei Karten um. Wenn Wort und Bild zusammenpassen, darf der Spieler das Paar behalten.

Name:

Wilde Heckentiere

1. Lies den Text.

In einer Hecke leben viele Tiere. Haselmaus, Igel und Fuchs finden zwischen den Sträuchern ihren Unterschlupf und gehen von hier aus auf Nahrungssuche. Die Schnecke mag Blätter und Heckenfrüchte. Bienen und Hummeln besuchen die Blüten, um Nektar zu sammeln. Die Goldammer sitzt auf einem Haselnussstrauch und singt. Der Käfer wohnt in der Hecke und geht in Feld oder Garten auf Streifzug. Die Erde unter einer Hecke ist manchmal etwas feucht. Das mag die Erdkröte gern.

2. In diesem Rätsel sind neun Tiere versteckt, die in einer Hecke leben. Markiere sie.

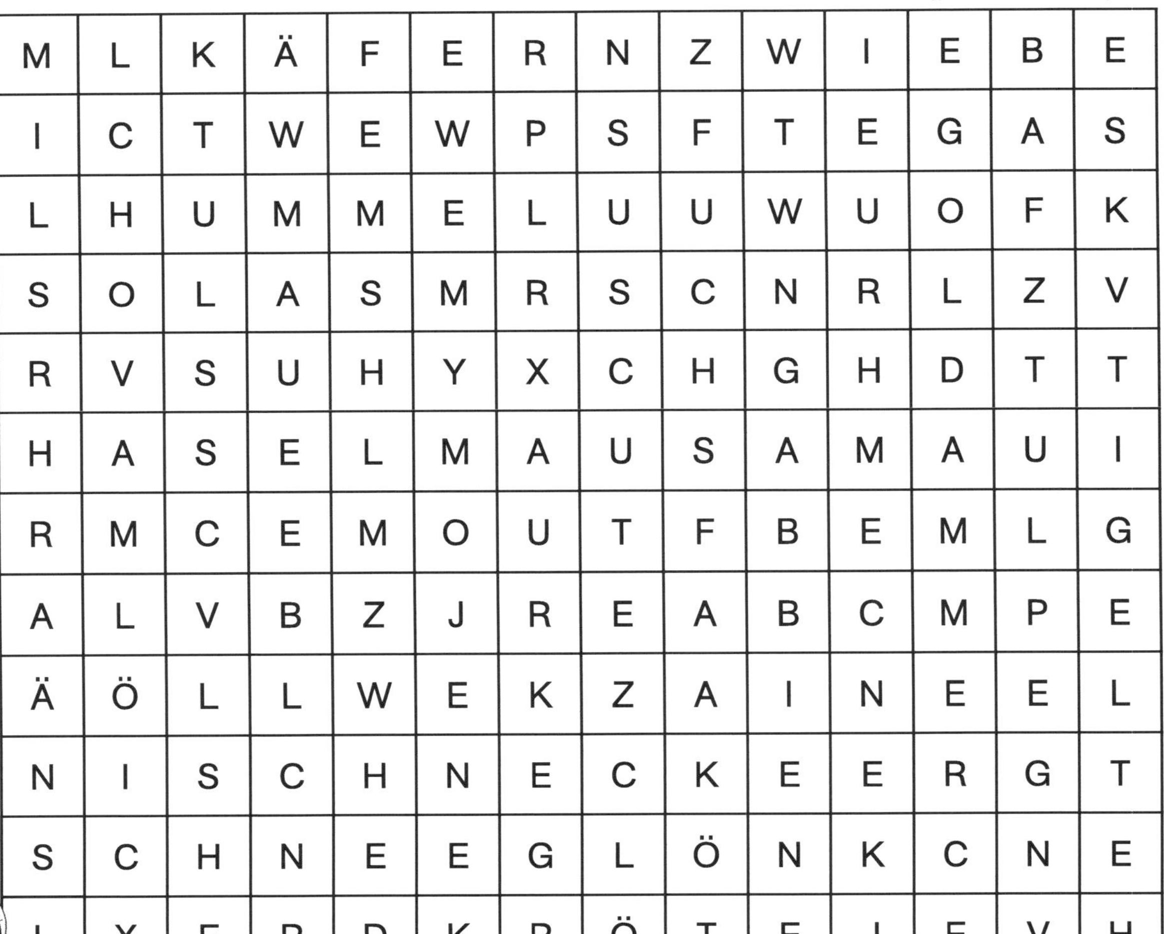

M	L	K	Ä	F	E	R	N	Z	W	I	E	B	E
I	C	T	W	E	W	P	S	F	T	E	G	A	S
L	H	U	M	M	E	L	U	U	W	U	O	F	K
S	O	L	A	S	M	R	S	C	N	R	L	Z	V
R	V	S	U	H	Y	X	C	H	G	H	D	T	T
H	A	S	E	L	M	A	U	S	A	M	A	U	I
R	M	C	E	M	O	U	T	F	B	E	M	L	G
A	L	V	B	Z	J	R	E	A	B	C	M	P	E
Ä	Ö	L	L	W	E	K	Z	A	I	N	E	E	L
N	I	S	C	H	N	E	C	K	E	E	R	G	T
S	C	H	N	E	E	G	L	Ö	N	K	C	N	E
L	X	E	R	D	K	R	Ö	T	E	J	E	V	H

Name:

Mein Heckentier

Hier lebt das Tier:

Das frisst es gerne:

Ein besonderes Merkmal:

Das sind seine Feinde:

Ist das Tier tagsüber oder nachts unterwegs?

Das weiß ich noch über das Tier:

So sieht mein Tier aus:

Name:

Welches Tier ist das?

Lies die Sätze. Welche Tiere sind gemeint? Schreibe sie auf.

Rebhuhn | Fledermaus | Erdkröte | Neuntöter | Fuchs

Mich entdeckst du erst, wenn es dunkel wird. Dann flattere ich durch die Luft und jage im Zickzackkurs nach Insekten. Tagsüber schlafe ich gut versteckt in Baumhöhlen, in alten Schuppen oder auch in Stapeln von altem Holz. Wenn ich schlafe, hänge ich gerne kopfüber.

Ich lebe am äußeren Rand einer Hecke. Dort baue ich mein Bodennest zwischen hohen Gräsern und kleinen Sträuchern. Hier kann ich mich gut verstecken und finde reichlich Nahrung. Ich sehe ein bisschen aus wie ein dickes, graues Huhn.

Ich habe ein rötlich-braunes Fell und einen langen, buschigen Schwanz. Ich bin ein Raubtier, fresse aber auch gerne Beeren und Früchte. Tagsüber verstecke ich mich gerne unter dichten Sträuchern und Büschen. Meine Jungen ziehe ich in einem Bau groß.

Ich baue mein Nest gerne in dornigen Sträuchern dicht am Boden. Als Männchen ist mein Gefieder vielfarbig. Bin ich ein Weibchen, ist mein Gefieder braun. Ich fresse am liebsten Insekten. Im Winter ziehe ich in warme Länder.

Meine Haut ist warzig und ohne Fell. Ich lebe gerne in einer Hecke, die nicht sehr weit von Wasser entfernt ist. Im Winter grabe ich mich in Streu oder in der Erde ein und halte dort meine Winterruhe.

Name:

Tiere hinterlassen Spuren

An welchen Spuren erkennst du, dass Tiere in der Hecke leben?
Setze die richtigen Wörter in Großbuchstaben ein. Die Bilder helfen dir.

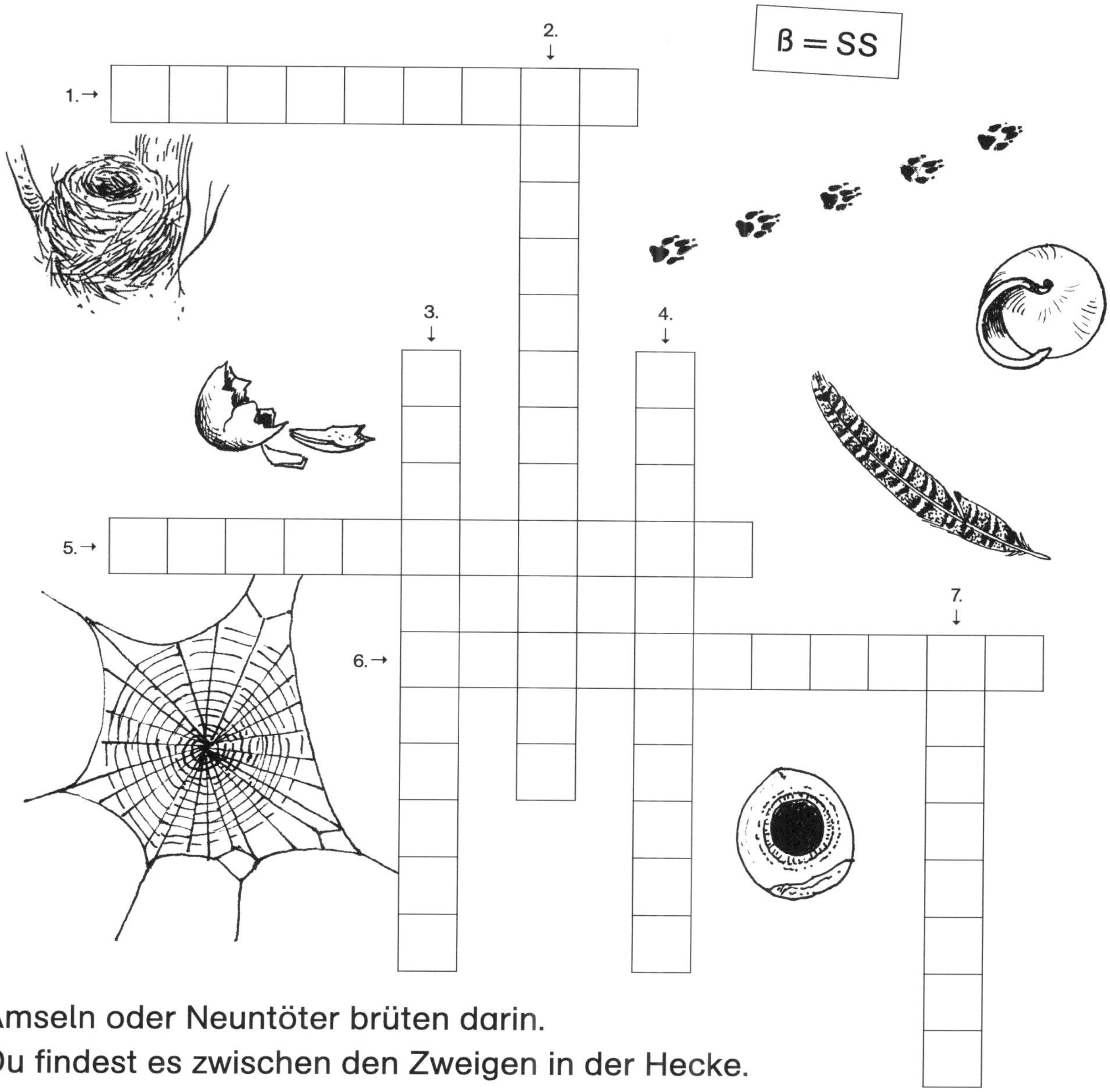

ß = SS

1.→ 2.↓ 3.↓ 4.↓ 5.→ 6.→ 7.↓

1. Amseln oder Neuntöter brüten darin.
   Du findest es zwischen den Zweigen in der Hecke.
2. Hier hat eine Schnecke gewohnt.
3. Das haben nur Vögel.
4. Fußabdrücke im Schnee oder auf matschigem Boden heißen …
5. Damit fängt die Spinne Insekten.
6. Angenagte Blätter und angeknabberte Haselnüsse sind gute Spuren.
   Man nennt sie …
7. Wenn ein kleiner Vogel geschlüpft ist, bleibt das zurück.

Name:

Wem gehört der Fußabdruck?

Welches Heckentier ist hier gelaufen? Schreibe den richtigen Tiernamen unter die Trittspur.

Name:

Knabberspuren

1. Lies den Text und markiere alle Heckentiere.

Viele Tiere mögen gerne Haselnüsse. Jedes Tier hat dabei einen anderen Weg, um an die Nuss zu kommen. Eine Feldmaus nagt ein Loch in die Schale und zieht die Nuss mit den Zähnen heraus. Ihre Knabberspuren sehen wie kleine Punkte aus. Das Eichhörnchen nagt zuerst eine Furche quer in die Schale und sprengt die Nussschale in zwei Hälften. Eine Haselmaus knabbert erst ein kleines Loch in die Schale. Dann dreht sie die Nuss mit den Pfoten im Kreis und knabbert das Loch immer größer. Rund um das Loch siehst du ihre Knabberspuren. Der Haselnussbohrer ist ein Käfer. Er bohrt ein kleines, rundes Loch in die Nussschale.

2. Welches Tier hat welche Fraßspur hinterlassen? Verbinde.

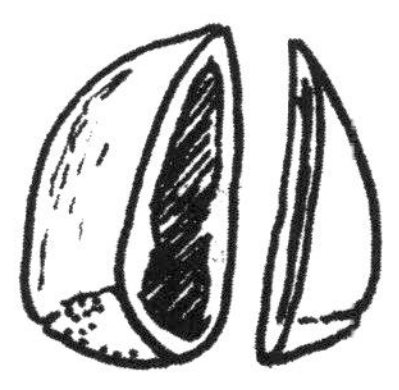

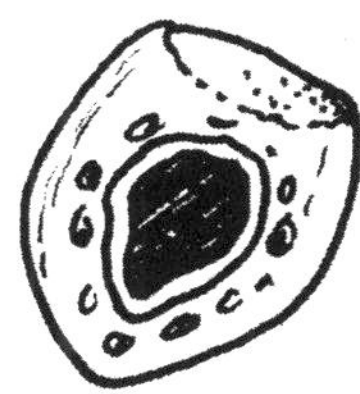

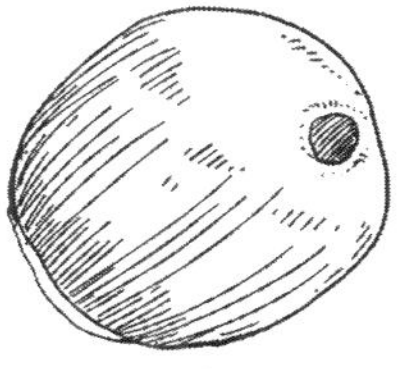

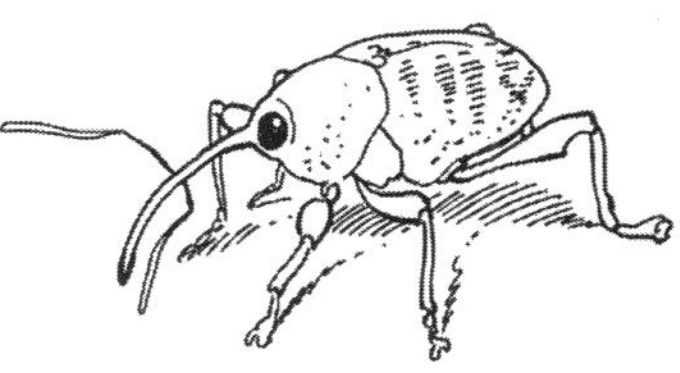

Name:

Welches Tier frisst was?

1. Lies die Sätze. Unterstreiche, was die Tiere fressen.

Der Igel mag gerne Schnecken und Regenwürmer. Er frisst auch Früchte wie Brombeeren und Wurzeln von Pflanzen. Deshalb ist er ein Allesfresser.
Die Erdkröte ernährt sich von Regenwürmern und Schnecken. Tiere, die Fleisch fressen, nennt man Räuber.
Der Neuntöter frisst Bienen und Käfer.
Der Fuchs fängt Mäuse, Regenwürmer und Kaninchen als Nahrung.
Bienen mögen gerne den Nektar von blühenden Heckenpflanzen.
Kaninchen sind Pflanzenfresser. Sie knabbern Gräser, Kräuter und Blätter.
Der Mäusebussard frisst Mäuse und Kröten.
Die Schnecke mag Blätter, Blüten und Stängel von vielen Heckenpflanzen.

2. Wer frisst was? Verbinde.

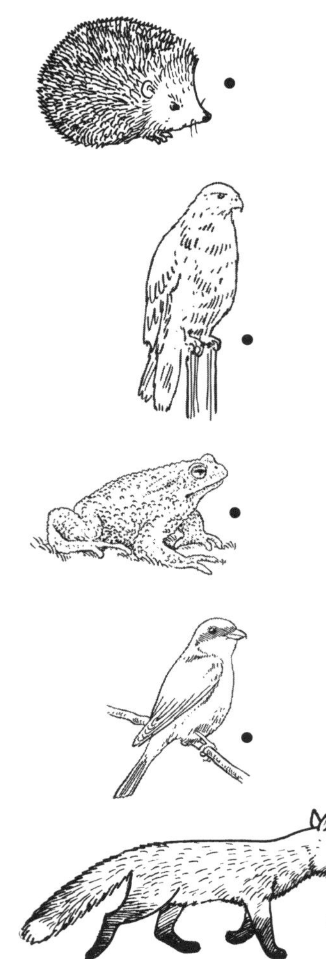

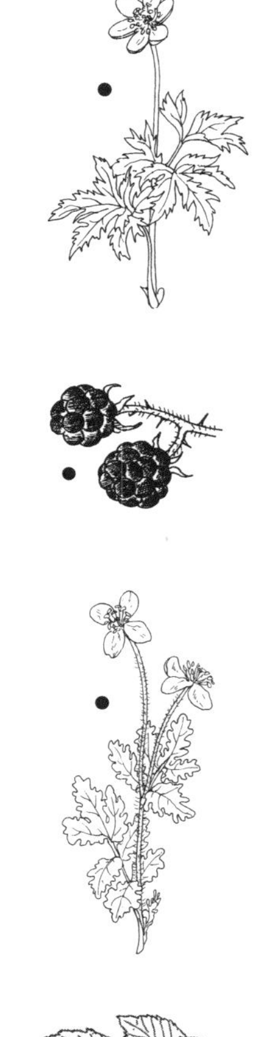

Name:

Erdkröte und Haselmaus

Hier sind zwei Texte durcheinandergeraten. Ein Text handelt von einer Erdkröte, der andere von einer Haselmaus. Ordne die Texte.

- Unterstreiche die Sätze zur Erdkröte grün und die Sätze zur Haselmaus braun.
- Schneide die Sätze auseinander und ordne sie jeweils dem passenden Tier zu. Klebe sie auf ein Blatt.
- Vergleiche mit deinem Partner. Hat er die gleichen Texte wie du?

✂

Die Erdkröte

Die Haselmaus

Darin schlafe ich von Oktober bis März.

Dort lege ich meine Eier ab.

Tagsüber schlafe ich in meinem Nest.

Um an die leckere Nuss zu kommen, nage ich die Schale auf.

Im Frühjahr wandere ich zu einem See.

Ich kann gut klettern.

Ich mag feuchten Boden und lebe in einer Hecke, im Wald oder im Garten.

Ich fresse gerne Haselnüsse.

Ich fresse gerne Würmer, Schnecken und Spinnen.

Im Winter grabe ich mich in die Erde ein und halte Winterruhe.

Für meinen Winterschlaf baue ich mir am Boden ein Winternest.

Aus den Eiern schlüpfen Kaulquappen, die sich zu kleinen Kröten entwickeln.

Im Herbst fresse ich mir eine dicke Speckschicht an.

Name:

Hier kommt die Haselmaus

Welche Antwort ist richtig? Kreuze an und trage die Buchstaben unten ein.

1) Das kann eine Haselmaus gut:

- ◯ Schwimmen. **FE**
- ◯ Fliegen. **BE**
- ◯ Klettern. **BR**

2) Was macht die Haselmaus im Winter?

- ◯ Sie bewegt sich viel, um warm zu bleiben. **AL**
- ◯ Sie hält in einem Nest am Boden ihren Winterschlaf. **OM**
- ◯ Sie kuschelt sich an andere Haselmäuse, damit sie nicht so friert. **SE**

3) Was frisst die Haselmaus im Herbst besonders gerne?

- ◯ Knospen und Beeren. **LI**
- ◯ Haselnüsse. **BE**
- ◯ Insekten. **GR**

4) Wann geht die Haselmaus auf Futtersuche?

- ◯ Gegen Mittag, wenn sie Hunger bekommt. **AS**
- ◯ In der Nacht. **ER**
- ◯ Immer nur am Morgen. **CH**

5) So ist der Schwanz einer Haselmaus:

- ◯ Lang und kahl. **WI**
- ◯ Buschig, ähnlich wie bei einem Eichhörnchen. **EN**
- ◯ Klein und wie ein Stummelschwanz, ähnlich wie beim Hamster. **NO**

Das Lösungswort verrät eine Lieblingsspeise der Haselmaus:

1		2		3		4		5	

Name:

Der Igel

1. Die Wörter sind zu dicht aneinandergeraten. Setze nach jedem Wort einen Strich.

Der|Igel|frisstgerneRegenwürmer. ErmagaberauchInsekten. Anseinen ZehenhatderIgelscharfeKrallen. BeiGefahrrollitersichzueinerStachelkugel zusammen. SoistergutvorseinenFeindengeschützt. DerIgelkannsehrgut riechenundhören, abersehenkannernurschlecht. Meistensisterinder Dämmerungundnachtsunterwegs. EinmaloderzweimalimJahrbekommtder IgelJunge. NachderGeburtsinddieStachelnkleinerIgelnochganzweich. ImWinterhältereinenlangenWinterschlaf. VorherfrisstsichderIgeleinedicke Speckschichtan.

2. Schreibe den Text hier richtig auf.

Name:

Igel-Durcheinander

Hier stimmt etwas nicht! Streiche die falschen Wörter durch. Klebe die Kärtchen mit den richtigen Wörtern darüber.

Im Herbst frisst der Igel ganz viele Käfer und Bonbons, damit er immer dicker wird.

So kommt er gut durch den Kindergarten.

Wenn er genug gefressen hat, baut er sich ein Fahrrad aus dem Laub der Hecke und kleinen Ästen.

Darin schläft er dann ungefähr ein halbes Kilogramm, bis der Winter vorbei ist.

Liegt die Temperatur längere Zeit ungefähr bei zehn Grad, wacht der Leopard wieder auf.

Dann hat er sehr großen Hunger und frisst erst einmal ganz viele Gummischlangen.

✂

Jahr	Winter	Igel
Schnecken	Nest	Regenwürmer

Tier-Domino

START		IGEL	
REH		HASELMAUS	
FASAN		ERDKRÖTE	
KANINCHEN	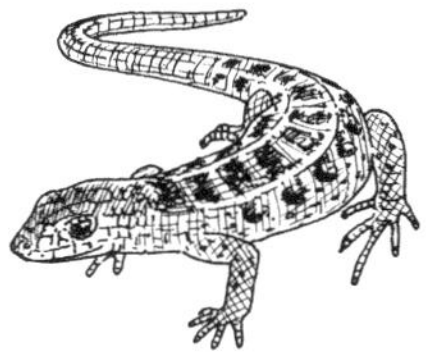	EIDECHSE	
FUCHS		REBHUHN	
SPINNE		MÄUSE-BUSSARD	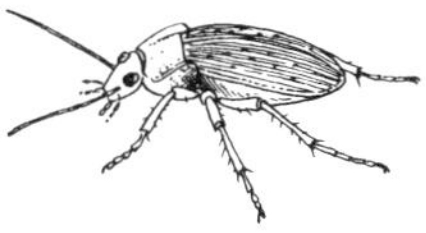
KÄFER		BLIND-SCHLEICHE	
GOLDAMMER		BIENE	ENDE

3. Kapitel: Pflanzen der Hecke

Die Kopiervorlagen auf einen Blick

Seite	KV-Titel	Dauer	Lernziele	Didaktisch-methodische Hinweise
52	Was wächst in der Hecke?	1 UE*	• Abrufen von Vorwissen der Schüler • Kennenlernen verschiedener Heckenpflanzen	Brainstorming, Einzel- oder Kleingruppenarbeit, Differenzierung möglich, Ergebnissicherung, als Hausaufgabe geeignet
53	Aufbau einer Heckenpflanze	1 UE	• Einblick in den Aufbau einer Heckenpflanze am Beispiel der Heckenrose	Einzel- oder Gemeinschaftsarbeit, Klassengespräch, Multiple-Choice-Aufgaben
54	Steckbrief Heckenpflanze	1 – 2 UE	• Genaues Erkunden unterschiedlicher Pflanzen einer Hecke durch Anlegen von Steckbriefen	Einzel- und Gruppenarbeit, Klassengespräch, Differenzierung möglich, spielerische Durchführung als Quiz möglich, Recherche
55	Kennst du diese Heckenpflanzen?	1 UE	• Pflanzen bestimmen anhand der Merkmale Blatt, Blüte und Frucht	Partnerarbeit, Klassengespräch, erweiternde Hausaufgabe möglich, Handlungsorientierung
56	Achtung – giftig!	1 UE	• Kennenlernen giftiger und ungenießbarer Heckenpflanzen und -früchte	Einzel- oder Partnerarbeit, Klassengespräch, Erweiterung der Tabelle möglich
57	Heckenfrüchte	½ UE	• Kennenlernen einiger Heckenfrüchte und Zuordnen zu den entsprechenden Sträuchern	Einzelarbeit, Ergebnissicherung, als Hausaufgabe geeignet
58	Wer pflanzt Heckenpflanzen?	½ UE	• Einblick in die Verbreitung von Heckenpflanzen durch Vögel	Brainstorming, Einzelarbeit, erweiternde Hausaufgabe möglich, Hinführung an Systematik
59	Von der Blüte zur Frucht	1 UE	• Die Entwicklung einer Hagebutte aus der Blüte der Heckenrose verfolgen	Einzelarbeit, Gruppengespräch, Satz-Bild-Zuordnung, Lückentext
60	Frühstücken mit Heckenfrüchten	1 – 2 UE	• Vorbereiten und Durchführen eines Heckenfrühstücks	Einzel- und Gruppenarbeit, Projektarbeit
61 / 62	Heckenführerschein	1 UE	• Mögliche Gefahren bei einem Heckenausflug beachten und vermeiden • Sicher zur Hecke: Die Schüler machen den Heckenführerschein	Einzelarbeit, Klassengespräch, Vorbereitung für Unterrichtsgang, Selbstkontrolle durch Lösungsbild

* UE = Unterrichtseinheit

Zu den einzelnen Kopiervorlagen

Was wächst in der Hecke?

Vorbereitung

Zeigen Sie den Schülern Bilder von typischen Heckenpflanzen wie Brombeere, Holunder, Heckenrose, Hasel, Schlehe, Pfaffenhütchen oder Schöllkraut. Besorgen Sie alternativ ein Poster, auf dem heimische Heckenpflanzen abgebildet sind. Bringen Sie kleine Ableger oder Zweige von Sträuchern oder Blütenpflanzen mit, entweder von einer (angelegten) Schulhecke, einer freien Hecke oder Gartenhecke. Stellen Sie die Pflanzen als Anschauungsmaterial in ein großes Gefäß im Klassenraum. Legen Sie außerdem geeignete Pflanzenbestimmungsbücher und Sachbücher, in denen einheimische Heckenpflanzen beschrieben werden, auf einem Büchertisch in der Klasse aus.

Einstieg

Brainstorming: Brombeere, Haselstrauch und Holunder – hat jeder Schüler diese Pflanzen schon einmal gesehen? Kennen die Kinder weitere Heckenpflanzen? Schreiben Sie die Begriffe an die Tafel. Möchten die Kinder gerne spezielle Heckenpflanzen näher kennenlernen? Sprechen Sie über die dargestellten Pflanzen. Fällt den Kindern zu jeder Pflanze ein Merkmal auf, anhand dessen sie sie in einer Hecke wiedererkennen können? Weisen Sie die Schüler darauf hin, dass zu einer Hecke sowohl Sträucher als auch Blütenpflanzen gehören.

Zum Einsatz der KV

Auf diesem Arbeitsblatt werden einige bekannte Heckenpflanzen dargestellt und von den Schülern benannt. Die Kinder malen die Pflanzen als Vertiefung anschließend so aus, wie diese in der Natur aussehen. Das Arbeitsblatt dient somit der Ergebnissicherung. Die Kinder können es selbstständig im Unterricht oder als Hausaufgabe bearbeiten. Diese Aufgabe kann auch gut in mehreren Kleingruppen durchgeführt werden. Die Gruppen informieren sich im Internet oder in Büchern über das Aussehen der Pflanzen und benennen sie auf dem Arbeitsblatt.

Differenzierungsmöglichkeiten

- Die Kinder können die Lösungswörter unten auf dem Arbeitsblatt als Hilfe verwenden. Sie können die Wörter aber auch umknicken und die Namen durch Recherche herausfinden.
- Die Schüler kleben gepresste Blätter oder Blüten neben das jeweilige Bild.

Lösung

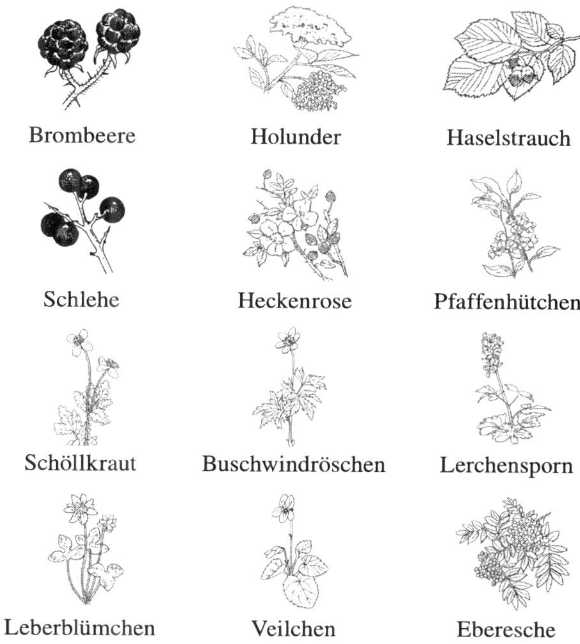

Ergebnissicherung

Die Schüler vergleichen ihre Lösungen und heften das ggf. korrigierte Arbeitsblatt in ihr Heckenbuch.

Weiterführende Anregungen

- Besonders schön ausgemalte Abbildungen der Pflanzen können auch für das Spiel „Paare finden“ genutzt werden. Kopieren Sie die KV zweimal farbig auf festes Papier oder Karton. Schneiden Sie dann die einzelnen Kärtchen aus und laminieren Sie sie.
  Für das Spiel mischen die Kinder die Kärtchen und legen sie verdeckt auf den Tisch. Dann deckt jeder Schüler reihum zwei Kärtchen auf. Passen zwei Bilder zusammen, darf der Schüler sie nehmen. Passen sie nicht zusammen, dreht er die Kärtchen wieder um und der Nächste ist an der Reihe. Wer am Schluss die meisten Paare gefunden hat, hat gewonnen. Die Kärtchen eignen sich als Material für die Freiarbeit und als Lernkartei.
- Machen Sie mit den Schülern einen Ausflug zu einem Heckenlabyrinth. In Deutschland gibt es einige davon. Informieren Sie sich im Internet, vielleicht gibt es eins in Ihrer Nähe.

Aufbau einer Heckenpflanze

Vorbereitung

Bringen Sie kleine Äste und Zweige einer Heckenrose mit. Alternativ zeigen Sie ein Bild der Pflanze.

Einstieg

Beschreibung einer Heckenrose: Wie sieht die Heckenrose aus? Die Schüler beschreiben sie mit ihren eigenen Worten. Vorsichtig anfassen wegen der Stacheln! Die Kinder schauen sich Blätter, Blüten und Früchte genau an. Sammeln Sie spontane Äußerungen an der Tafel.

Zum Einsatz der KV

Aufgabe 1 kann von den Schülern in Einzelarbeit ausgeführt werden. Alternativ zeichnen Sie das Schaubild der Heckenrose an die Tafel oder projizieren es auf eine freie Fläche. Die Kinder ergänzen dann gemeinsam die fehlenden Begriffe.
Geben Sie den Schülern für Aufgabe 2 mindestens 15 Minuten Zeit, um die Sätze zu lesen und die richtigen Antworten herauszufinden. Klären Sie ggf. bisher unbekannt gebliebene Begriffe wie Fiederblätter.

Lösungen

Aufgabe 1:

Aufgabe 2:
1) Rosen, 2) Stacheln, 3) Fiederblätter, 4) Hagebutten

Ergebnissicherung

Die Schüler stellen ihre Ergebnisse im Plenum vor.

Weiterführende Anregung

Erklären Sie den Schülern den Unterschied zwischen Dornen und Stacheln. Umgangssprachlich sagt man, dass Rosen Dornen haben, das stimmt aber nicht. Rosen besitzen Stacheln. Stacheln können leichter abbrechen als Dornen, da sie nur aus der Rinde heraus gebildet werden. Dornen dagegen sind umgebildete, zugespitzte Sprossachsen oder Blätter und fest mit dem Spross verwachsen. Schlehe und Berberitze haben Dornen, während Heckenrose und Brombeere Stacheln besitzen.

Steckbrief Heckenpflanze

Vorbereitung

Legen Sie unterschiedliche Pflanzenbestimmungsbücher und Sachbücher, in denen einheimische Heckenpflanzen beschrieben werden, auf einem Büchertisch in der Klasse aus. Die Schüler wählen frei Bücher aus, in denen sie etwas über die von ihnen ausgesuchte Pflanze nachschlagen möchten. Außerdem sollten sie sich im Internet über die typischen Heckenpflanzen informieren können.

Einstieg

Jeder Schüler sucht sich eine Heckenpflanze aus, die er gerne näher erforschen möchte. Falls möglich, nutzen die Kinder einen PC im Klassenraum, um sich in geeigneten Kinder-Suchmaschinen (z. B. *www.blinde-kuh.de*, *www.helles-koepfchen.de*, *www.naturdetektive.de*, *www.hamsterkiste.de*) über ihre Pflanze zu informieren. Alternativ verwenden sie die ausgelegten Bücher, um Merkmale der Pflanzen herauszufinden und die Steckbriefe anzulegen. Schauen Sie sich gemeinsam ein Pflanzenbestimmungsbuch an und erklären Sie, wie man es benutzt und wie man eine Pflanze mithilfe des Buches bestimmt. Hilfreich ist es, wenn die Schüler sich bei den Heckenpflanzen an den Merkmalen Blatt, Blüte und Frucht orientieren.

Zum Einsatz der KV

Die Kinder füllen den Steckbrief in Partnerarbeit oder in Kleingruppen aus. In die Rahmen unten auf dem Arbeitsblatt können sie Blüte, Blatt und Samen/Frucht der Pflanze malen oder gepresst einkleben. Nach Fertigstellung präsentieren die Schüler ihre Steckbriefpflanzen im Klassenplenum.
Leistungsstarke Kinder können Steckbriefe zu weiteren Pflanzen anlegen.
Der Arbeitsauftrag lässt sich in spielerischer Form auch als Quiz durchführen. Hierzu stellen die Schüler einzeln oder in kleinen Gruppen ihre Pflanze, ohne deren Namen zu nennen, im Klassenplenum vor: „Welche Pflanze ist das wohl?“ Die anderen Schüler erraten anhand der Angaben, um welche Pflanze es sich handelt. Haben mehrere Kinder die gleiche Pflanze gewählt, tauschen sie sich anschließend darüber aus und ergänzen ggf. ihren Steckbrief.

Beispiellösungen

Pflanzensteckbrief: Schwarzer Holunder
Größe der Pflanze: 2 bis 10 m, Strauch oder kleiner Baum
Hier wächst die Pflanze: in Hecken und Gärten, in Wäldern, an Wegrändern, auf Lichtungen
So sehen die Blätter der Pflanze aus: Die Blätter sind ge-

fiedert, d.h. ein Blatt besteht aus mehreren kleinen Blättern. Die Form der Blätter ist wie eine Ellipse, der Blattrand ist gesägt.
So sehen die Blüten der Pflanze aus: gelblich weiß, eine Blüte besteht aus vielen einzelnen, kleinen Blüten
Blütezeit: Mai bis Juli
So sehen die Früchte der Pflanze aus: klein, schwarz und rund
Ein besonderes Merkmal der Pflanze: Die Beeren sind in rohem Zustand giftig. Wenn man sie kocht, kann man sie essen und z.B. daraus Saft oder Marmelade machen./Die Blüten duften sehr stark./Die Beeren sind keine richtigen Beeren, sondern Steinfrüchte.
Stacheln oder Dornen? Nein.

Pflanzensteckbrief: Brombeere
Größe der Pflanze: 2 bis 3 m hoher Strauch
Hier wächst die Pflanze: an Waldrändern, in Hecken und Gärten, auf Lichtungen
So sehen die Blätter der Pflanze aus: Die Blätter sind gefiedert und sitzen an einem Stiel. Der Blattrand ist gezähnt.
So sehen die Blüten der Pflanze aus: weiß bis leicht rosa, die Blüte besteht aus 5 großen Kelchblättern
Blütezeit: Mai bis August
So sehen die Früchte der Pflanze aus: schwarz, eine Frucht besteht aus vielen kleinen Beeren
Ein besonderes Merkmal der Pflanze: Die Früchte kann man roh essen./Aus jungen Brombeerblättern lässt sich Tee herstellen./Die Brombeere ist eine Kletterpflanze, die Stacheln dienen ihr als Kletterhilfe./Wegen der Stacheln wird die Brombeere von Tieren nicht gefressen.
Stacheln oder Dornen? Ja.

Ergebnissicherung
Die Steckbriefe werden im Klassenraum ausgestellt, damit die Kinder immer wieder auf die Informationen zurückgreifen können. Alternativ: Die Schüler heften die Steckbriefe in ihr Heckenbuch ein.
Mögliche Hausaufgabe: Die Schüler besuchen am Nachmittag eine Gartenhecke oder frei zugängliche Hecke und schauen nach, ob sie dort ihre Steckbriefpflanze entdecken. Finden sie noch ein Merkmal, das sie nicht im Steckbrief aufgelistet haben?

Kennst du diese Heckenpflanzen?

Einstieg
Heckenpflanzen lassen sich hinsichtlich der Merkmale Größe, Blatt, Blüte und Frucht unterscheiden. Besprechen Sie diese Merkmale im Plenum. Zeigen Sie Pflanzen mit unterschiedlichen Blättern und Blüten, z.B. Haselstrauch und Brombeere. Sie können auch Fotos dieser Pflanzen zeigen. Die Schüler vergleichen die Blätter, Blüten und Früchte dieser Pflanzen.

Zum Einsatz der KV
Auf dem Arbeitsblatt sind Beschreibungen zu vier Heckenpflanzen auf Kärtchen verteilt. Jeweils zwei Kinder erhalten die Satzteile zu einer Pflanze. Es empfiehlt sich, die Vorlage zu vergrößern. Geben Sie den Zweiergruppen dann ca. 15 Minuten Zeit, um die Sätze auszuschneiden, zu lesen und zu ordnen. Klären Sie gemeinsam unbekannte Begriffe, z.B. Fruchtkapsel, Blütentraube und Sporn.
Als Hausaufgabe können die Kinder Satzteile zu den anderen Pflanzen nach dem bekannten Muster ausschneiden und sortieren.

Lösung
Die Schlehe ist ein Strauch mit vielen Dornen. Im Frühjahr ist er über und über mit weißen Blüten bedeckt. Seine kugeligen, blauen Früchte bleiben den Winter über am Strauch hängen.

Das Pfaffenhütchen hat längliche, eiförmige Blätter. Seine roten Fruchtkapseln haben vier Klappen, die sich öffnen und in der Mitte die orangen Samen tragen. Die ganze Pflanze ist sehr giftig!

Das Schöllkraut ist eine krautige Pflanze. Sie wird bis 60 cm groß. Ihre Blätter sind gelappt und die kleinen Blüten sind gelb.

Der Lerchensporn ist eine krautige Pflanze, die bis zu 30 cm groß wird. Viele kleine violette Blüten bilden zusammen eine Blütentraube. Die Blüten tragen einen langen Sporn.

Ergebnissicherung
Die Ergebnisse werden im Plenum vorgestellt und diskutiert. Dann kleben die Kinder die Satzstreifen in der richtigen Reihenfolge auf ein Blatt und heften es in ihr Heckenbuch.

Weiterführende Anregung
Weisen Sie an dieser Stelle unbedingt darauf hin, dass Hohler Lerchensporn, Pfaffenhütchen und Schöllkraut giftig sind. Schüler dürfen diese Pflanzen keinesfalls anfassen oder abpflücken!

KV Seite 56

Achtung – giftig!

Vorbereitung
Besorgen Sie ein Poster, auf dem giftige Pflanzen, speziell Heckenpflanzen, abgebildet sind. Alternativ zeigen Sie den Schülern Fotos der Pflanzen.

Einstieg
Besprechen Sie im Plenum, welche giftigen Heckenpflanzen die Schüler kennen und ob sie sie schon einmal in natura gesehen haben. Besprechen Sie die Pflanzen, die möglicherweise noch unbekannt geblieben sind, wie Eibe, Thuja, Liguster und Buchsbaum.

Zum Einsatz der KV
Auf dem Arbeitsblatt sind nur Pflanzen aufgelistet, die in Hecken vorkommen. Es umfasst keine sonstigen giftigen Garten- oder Zimmerpflanzen. Evtl. gehen Sie in diesem Zusammenhang noch auf weitere Giftpflanzen ein, die in Garten oder Haus vorkommen. Die Schüler kennzeichnen die Pflanzen als giftig oder ungiftig, indem sie dem Smiley-Gesicht einen lachenden oder traurigen Mund malen. Der Arbeitsauftrag eignet sich auch für die Partnerarbeit. Ein Schüler listet die Pflanzen vom Arbeitsblatt auf und der Partner gibt an, ob die jeweilige Pflanze giftig ist oder nicht.

Lösung
giftig: rohe Holunderbeeren, Pfaffenhütchen, Eibe, Thuja, Buchsbaum, Schöllkraut, Lerchensporn, rohe Vogelbeeren, Liguster
ungiftig: Brombeere, Haselstrauch, Heckenrose

Ergebnissicherung
Die Ergebnisse werden im Plenum vorgestellt und diskutiert. Danach legen die Kinder eine Tabelle an und sortieren die Pflanzen in „giftig“ und „ungiftig“. Diese Tabelle kann fortgeführt werden.

Weiterführende Anregung
Weisen Sie die Schüler darauf hin, dass nicht immer die komplette Pflanze giftig sein muss, manchmal sind es auch nur Pflanzenteile, wie Wurzeln oder Beeren.
Beim Hohlen Lerchensporn sind alle Pflanzenteile schwach giftig, die Wurzelknolle ist stark giftig. Das Pfaffenhütchen ist insgesamt sehr giftig für den Menschen, während Vögel die Beeren fressen können. Auch die Eibe ist in allen Teilen giftig. Holunderbeeren sind roh giftig, während sie gekocht zu Saft, Gelee, Marmelade u. Ä. verarbeitet werden können. Beim Liguster sind die Beeren giftig. Rohe Vogelbeeren sind, ebenso wie rohe Schlehen, ungenießbar.

Heckenfrüchte

Einstieg
Die beste Zeit, um Heckenfrüchte genauer kennenzulernen und auch in natura zu sehen, ist der Spätsommer/Herbst. Auf diesem Arbeitsblatt ordnen die Schüler Heckenfrüchte den entsprechenden Sträuchern zu, an denen sie wachsen. Besprechen Sie vorab im Plenum, welche Heckenfrüchte die Schüler bereits kennen. Zeigen Sie Fotos verschiedener Früchte, denn Heckenfrüchte können ganz unterschiedlich aussehen: Eine Haselnuss ist ebenso eine Frucht, wie es eine Brombeere oder eine Holunderbeere ist. Bringen Sie unterschiedliche Heckenfrüchte als Anschauungsmaterial in die Klasse mit.
Weisen Sie an dieser Stelle noch einmal auf die Gefahren hin, die beim Verzehr unbekannter Früchte bzw. beim Abpflücken von Beeren aus Bodennähe auftreten können.

Zum Einsatz der KV
Das Arbeitsblatt dient der Ergebnissicherung. Die Schüler bearbeiten es selbstständig oder als Hausaufgabe.

Lösung

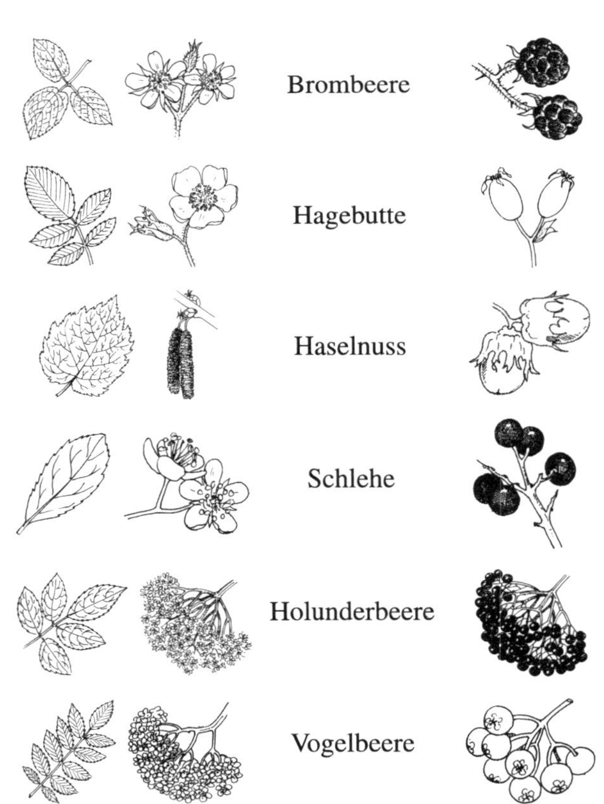

Ergebnissicherung

Die Schüler stellen ihre Ergebnisse im Plenum vor.

Weiterführende Anregungen

- Gehen Sie auf weitere Heckenpflanzen und ihre Früchte ein, wie Schneeball, Hartriegel, Kornelkirsche, Weißdorn. Zeigen Sie Fotos dieser Pflanzen und ihrer Früchte.
- Sind zu diesem Zeitpunkt bereits Heckenfrüchte und andere Fundstücke von einer Hecke gesammelt worden, so können die Schüler im Kunstunterricht ein Mobile aus Heckenfundstücken basteln. Festere Früchte (z. B. Hagebutten, Haselnüsse) und andere Mitbringsel von einem Heckenbesuch, wie Vogelfedern, werden an Fäden befestigt und dann an Stöcke oder Schaschlikspieße geknotet und aufgehängt.

Wer pflanzt Heckenpflanzen?

Vorbereitung

Sammeln Sie bei einem Heckenbesuch Früchte, z. B. von Heckenrose, Eberesche, Brombeere und Holunder, um den Schülern die kräftigen Farben der Früchte zu demonstrieren.

Einstieg

Brainstorming: Haben die Schüler eine Idee, weshalb die meisten Heckenfrüchte so stark gefärbt sind? Schreiben Sie spontane Äußerungen an die Tafel. Erläutern Sie, dass die Fruchtfarben in einem Farbspektralbereich liegen, den Vögel besonders gut wahrnehmen können (auch dunkelblau). Vögel werden durch die für sie stark leuchtenden Farben angelockt und fressen die Früchte.

Zum Einsatz der KV

Die Schüler ordnen Heckenpflanzen entsprechend der Farben ihrer Früchte. Sie notieren die Namen an passender Stelle auf dem Blatt. Die Abbildungen der Pflanzen sind hierbei als Ausfüllhilfe gedacht.

Lösung

Rote oder orange Früchte:
Heckenrose, Pfaffenhütchen, Eberesche
Schwarze oder blaue Früchte:
Holunder, Schlehe, Brombeere

Ergebnissicherung

Die Schüler malen die Heckenfrüchte in den passenden Farben an und stellen ihre Ergebnisse im Plenum vor. Mögliche Hausaufgabe: Die Kinder machen am Nachmittag im heimischen Garten oder an einer frei zugänglichen Hecke Beobachtungen. Sie können Fotos für ihr Heckenbuch erstellen.

Weiterführende Anregung

Besprechen Sie, dass nicht nur Vögel an der Verbreitung von Heckenpflanzen beteiligt sind, sondern auch andere Tiere, die in der Hecke oder in deren Umgebung leben. Schauen Sie sich noch einmal gemeinsam Heckentiere (Steckbrieftiere) an und überlegen Sie mit den Schülern, welche Tiere Heckenfrüchte fressen. Durch die Ausscheidung der unverdaulichen Samen tragen diese Tiere zur Verbreitung der Heckenpflanzen bei.
Eichhörnchen und Haselmaus sorgen durch ihre Art der Vorratssammlung dafür, dass sich Heckenpflanzen ausbreiten. Sie sammeln und vergraben Nüsse als Wintervorrat. Finden die Tiere manche Nüsse später nicht mehr, so keimen sie und es wachsen neue Pflanzen.

Von der Blüte zur Frucht

Vorbereitung

Bringen Sie einen Zweig einer Heckenrose mit, evtl. mit Blüten, evtl. auch (getrocknete) Hagebutten.

Einstieg

Wissen die Schüler, dass Hagebutten die Früchte der Heckenrose sind? Was fällt ihnen zur Hagebutte ein? Juckpulver, das Lied „Ein Männlein steht im Walde" u. a. Im Innern der Hagebutte befinden sich die Nüsschen, die von feinen Härchen umgeben sind. Diese Härchen verursachen bei Hautkontakt den Juckreiz. Sammeln Sie weitere Äußerungen der Schüler an der Tafel. Erörtern Sie gemeinsam im Plenum die Entwicklung einer Blüte zur Frucht.

> Die Heckenrose ist umgangssprachlich unter vielen verschiedenen Namen bekannt, wie z. B. Hundsrose, Dornrose, Hagrose, Buschrose oder Wildrose. Der Name Hundsrose (botanisch gesehen ist die Hundsrose nicht identisch mit der Heckenrose) bezieht sich nicht auf Hunde, sondern darauf, dass diese Pflanze sehr weit verbreitet ist; aus dem Lateinischen canina, hundsgemein.

Zum Einsatz der KV

Geben Sie den Schülern für die erste Aufgabe 10 Minuten Zeit, um sich die Entwicklung der Heckenrose anzuschauen und die Teilsätze an passender Stelle zuzuordnen.

Für Aufgabe 2 geben Sie den Schülern mindestens 15 Minuten Zeit. Besprechen Sie möglicherweise unbekannte Begriffe wie Blütenboden.

Lösungen
Aufgabe 1:

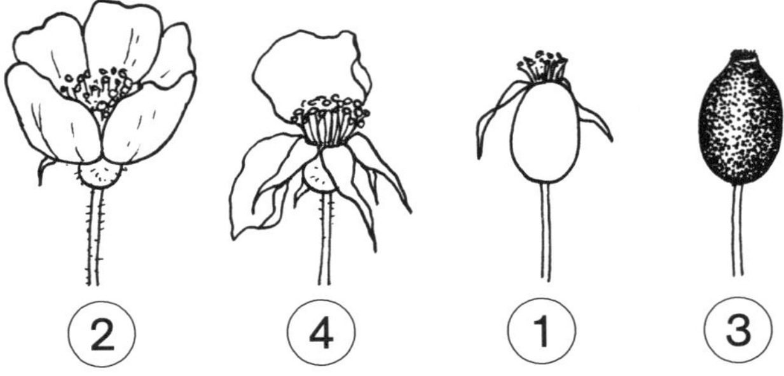

Aufgabe 2:
Im Frühling und Sommer trägt die Heckenrose viele weiße bis hellrosa Blüten, die gut duften. Jede Blüte besteht aus fünf Blütenblättern. Nachdem die Pflanze verblüht ist, klappen die Blütenblätter nach unten und fallen ab. Aus dem Blütenboden entwickelt sich im Spätsommer die Hagebutte. Die Hagebutte färbt sich im Herbst rot.

Ergebnissicherung
Die Schüler stellen ihre Ergebnisse im Plenum vor. Sie können die Bilder nach den Angaben im Text ausmalen. Das Blatt heften sie anschließend in ihr Heckenbuch.

Weiterführende Anregung
Die Wildkirsche ist eine Heckenpflanze, bei der die Entwicklung der Früchte ähnlich verläuft wie bei der Heckenrose. Zeigen Sie ein Bild der Wildkirsche oder bringen Sie ein Stück von dieser Pflanze als Anschauungsmaterial mit. Besprechen Sie mit den Schülern die Entwicklung der Wildkirschblüte zur Frucht. Nach der Blüte vertrocknen die Reste der Blüte und der Blütenboden wächst zur Kirsche mit Fruchtfleisch und Kirschkern heran.

Frühstücken mit Heckenfrüchten

Vorbereitung
Besorgen Sie für das Frühstück Naturjoghurt (pro Kind etwa 150 g), dazu Zucker. Pflücken Sie die Brombeeren bei einem gemeinsamen Ausflug zu einer Brombeerhecke (oder kaufen Sie sie ein). Vorsicht, Brombeeren zerquetschen leicht und hinterlassen auf Kleidungsstücken Flecken, die sich nur schwer wieder entfernen lassen. Besser als Kunststofftüten eignen sich Schalen oder Körbe für den Transport.

Einstieg
Fragen Sie die Schüler nach eigenen Rezeptideen zum Thema Hecke. Haben die Kinder selbst Ideen, was sich aus Heckenfrüchten zubereiten lässt? Was würden sie gerne einmal ausprobieren? Haben sie zu Hause schon einmal ein Rezept mit Heckenfrüchten kennengelernt? Haben alle schon einmal Hagebuttentee oder Holunderbeersaft getrunken?
Fragen Sie nach, ob Kinder möglicherweise eine Allergie haben, z. B. gegen Haselnüsse.

Zum Einsatz der KV
Lassen Sie die Schüler zu zweit arbeiten. Geben Sie ihnen ungefähr 20 Minuten Zeit, um den Text zu lesen, die Sätze zu bilden und das Rezept richtig aufzuschreiben. Besprechen Sie anschließend das Rezept im Plenum. Anschließend wird der Brombeerjoghurt in Teamarbeit zusammengerührt und bei einem gemeinsamen Frühstück gegessen.

Beispiellösung
Wasche die Brombeeren zuerst gründlich in einem Sieb und lasse sie gut abtropfen. Als Nächstes schneidest du die Brombeeren in kleine Stücke. Gib alle Brombeerstücke in eine große Schüssel. Füge Joghurt und die Hälfte des Zuckers hinzu. Rühre nun so lange, bis der Joghurt die Farbe der Brombeeren gleichmäßig angenommen hat. Gib noch den Rest des Zuckers dazu und verrühre ihn.

Ergebnissicherung
Die Schüler heften das Rezept in ihr Heckenbuch. Sie können es noch einmal sauber abschreiben und verzieren.

Weiterführende Anregungen
- Bringen Sie verschiedene Marmeladensorten für ein gemeinsames Heckenfrühstück mit. Es bieten sich an: Brombeergelee, Himbeermarmelade und Holunderbeergelee. Jeder Schüler probiert auf einem Stück Brot ein wenig Marmelade und versucht herauszuschmecken, von welcher Frucht die Marmelade stammt.
- Bereiten Sie mit den Kindern noch weitere Rezepte aus Heckenfrüchten zu.

Hagebuttentee !
Hierzu benötigst du reife Hagebutten, die du gut abwäschst. Entferne die Stielansätze und Blätter. Schneide anschließend die Hagebutten auf und kratze alle Kerne mit einem Messer heraus. Als Nächstes schneidest du die Hagebutten klein und lässt sie ca.

60 min bei 50 °C im Ofen trocknen. Für 1 l Hagebuttentee nimmst du etwa 8 Löffel getrocknete Hagebuttenstücke und übergießt sie mit kochendem Wasser. 10 min ziehen lassen.

- Gut geeignet ist auch selbst gemachter Holundersaft. Er ist etwas aufwendiger in der Zubereitung, da die Beeren zuerst gekocht und dann durch ein Tuch filtriert werden müssen. Erinnern Sie die Schüler unbedingt noch einmal daran, dass rohe Holunderbeeren giftig sind!

Holundersaft

Pflücke im August oder September reife, schwarze Holunderbeeren. Das geht am besten so: Die Dolden mit den Beeren vom Strauch pflücken und dann mithilfe einer Gabel die Beeren vorsichtig von den Dolden streifen. Achtung: Holunderbeeren hinterlassen auf der Kleidung Flecken, die sich kaum entfernen lassen. Wasche die Beeren gründlich ab und gib sie in einen großen Topf. Koche die Beeren mit etwas Wasser auf. Für 1 kg Holunderbeeren benötigst du 250 ml Wasser. Rühre die Beeren ab und zu um und lasse sie 20 min kochen. Dann nimmst du einen zweiten großen Topf und spannst ein sauberes Geschirrtuch oder ein großes Stofftaschentuch darüber. Du kannst das Tuch z. B. mit Wäscheklammern am Topfrand befestigen. Nun gibst du die zerkochten Holunderbeeren langsam auf das Tuch und drückst mit einer Gabel auf die Masse. Der Saft läuft durch das Tuch in den Topf. Lass den Saft noch einmal aufkochen und gib zum Schluss etwas Zucker hinzu. Wenn der Saft abgekühlt ist, kannst du ihn genießen.

Haselnusskuchen

Du benötigst: 125 g Margarine, 100 g Zucker, 3 Eier, 100 g gemahlene Haselnüsse, 50 g Semmelbrösel, abgeriebene Schale einer halben Zitrone. Zum Bestreichen: 100 g Kuvertüre.

Rühre alle Zutaten nacheinander in einer großen Schüssel zusammen. Fette eine Kuchenform mit Butter ein und streiche den Teig hinein. Backe ihn im Ofen bei 180 °C etwa 45 min. Lasse den Kuchen nach dem Backen ein wenig abkühlen, nimm ihn aus der Form und bestreiche ihn mit der Kuvertüre, die du vorher im Wasserbad geschmolzen hast.

KV Seite 61/62

Heckenführerschein

Einstieg

Beziehen Sie die Schüler in die Überlegungen mit ein: Welche Gesundheitsgefahren können sich die Kinder bei einem Heckenbesuch vorstellen? Worauf sollten sie achten, wenn sie zu einem Heckenausflug aufbrechen? Sammeln Sie spontane Äußerungen an der Tafel.

Zum Einsatz der KV

Durch die Beschäftigung mit dem Heckenführerschein üben die Schüler spielerisch grundlegende Verhaltens- und Sicherheitsregeln für einen Ausflug zur Hecke ein. Lesen Sie die Multiple-Choice-Aufgaben zunächst gemeinsam und klären Sie ggf. unklare Begriffe oder Sätze. Bei einigen der Aufgaben sind mehrere richtige Antworten möglich. Mit dem Orden/Suchbild können die Kinder die Lösung kontrollieren.

Lösung

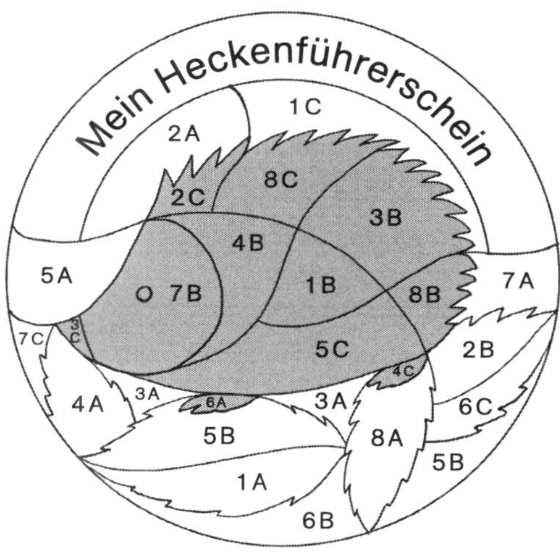

Ergebnissicherung

Besprechen Sie die einzelnen Ergebnisse der Multiple-Choice-Aufgaben. Die Kinder kommen vielleicht bei manchen Fragen zu unterschiedlichen Bewertungen, die Sie als Gesprächsanlass nehmen können. Wiederholen Sie die einzelnen Punkte vor dem ersten Ausflug zur Hecke.

Name:

Was wächst in der Hecke?

Wie heißen die Pflanzen? Schreibe ihre Namen auf. Male die Pflanzen dann so aus, wie sie in der Natur aussehen.

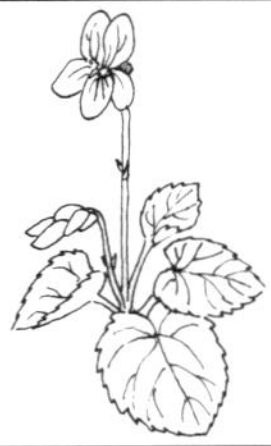

hier umknicken

Diese Wörter helfen dir:

Brombeere – Haselstrauch – Holunder – Pfaffenhütchen – Schlehe – Buschwindröschen – Heckenrose – Eberesche – Schöllkraut – Veilchen – Lerchensporn – Leberblümchen

Name:

Aufbau einer Heckenpflanze

1. Kennst du die Teile der Heckenrose? Verbinde.

2. Was stimmt? Kreuze an.

1) Die Heckenrose gehört zu den:

◯ Haselsträuchern
◯ Rosen
◯ Leberblümchen

2) An ihrem Stängel sind viele kleine:

◯ Dornen
◯ Beeren
◯ Stacheln

3) Die Heckenrose besitzt besondere Blätter. Sie heißen:

◯ gesägte Blätter
◯ Fiederblätter
◯ glatte Blätter

4) Die orange-roten Früchte der Heckenrose nennt man:

◯ Haselnüsse
◯ Kornelkirschen
◯ Hagebutten

Name:

Steckbrief Heckenpflanze

Größe der Pflanze:

Hier wächst die Pflanze:

So sehen die Blätter der Pflanze aus:

So sehen die Blüten der Pflanze aus:

Blütezeit:

So sehen die Früchte der Pflanze aus:

Ein besonderes Merkmal der Pflanze:

Stacheln oder Dornen? ◯ Ja. ◯ Nein.

Blüte	Blatt	Samen/Frucht

Name:

Kennst du diese Heckenpflanzen?

Die Sätze sind durcheinandergeraten. Schneide die Satzteile aus und ordne sie.

✂

Die Schlehe ist	Im Frühjahr ist er über	ein Strauch mit vielen Dornen.
bleiben den Winter über am Strauch hängen.		
und über mit weißen Blüten bedeckt.	Seine kugeligen, blauen Früchte	

Das Pfaffenhütchen hat	sehr giftig!	längliche, eiförmige Blätter.
die sich öffnen und in der Mitte die orangen Samen tragen.		
Die ganze Pflanze ist	Seine roten Fruchtkapseln haben vier Klappen,	

Das Schöllkraut ist	Sie wird	eine krautige Pflanze.
und die kleinen Blüten sind gelb.	bis 60 cm groß.	
Ihre Blätter sind gelappt		

Die Blüten tragen	eine Blütentraube.	die bis zu 30 cm groß wird.
Der Lerchensporn ist eine krautige Pflanze,	einen langen Sporn.	
Viele kleine violette Blüten bilden zusammen		

Name:

Achtung – giftig!

Welche Heckenpflanzen sind giftig? Markiere.

 = ungiftig  = ungenießbar/giftig

 rohe Holunderbeeren

 Pfaffenhütchen

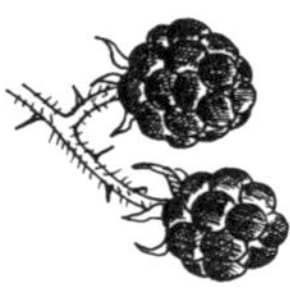 Brombeere

 Eibe

 Thuja 

 Haselstrauch 

 Buchsbaum 

 Schöllkraut 

 Lerchensporn 

 Heckenrose 

rohe Vogelbeeren 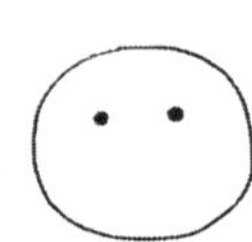

 Liguster 

Name:

Heckenfrüchte

Welche Frucht gehört zu welcher Pflanze? Verbinde.

 • • Vogelbeere • • 

 • • Haselnuss • • 

 • • Hagebutte • • 

 • • Holunderbeere • • 

 • • Brombeere • • 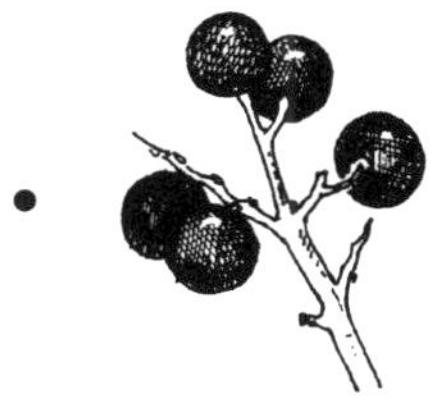

 • • Schlehe • • 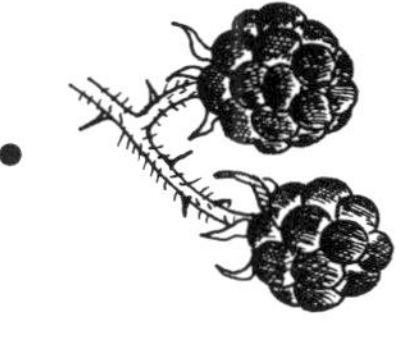

Vorsicht! Pflücke keine Brombeeren aus Bodennähe ab, denn sie könnten mit Eiern des Fuchsbandwurms verschmutzt sein. Wasche alle Früchte, die du pflückst, vor dem Verzehr gut ab! Pflücke Früchte grundsätzlich nur in Begleitung Erwachsener!

Name:

Wer pflanzt Heckenpflanzen?

Heckenfrüchte sind fast immer rot, orange oder blau gefärbt. Die leuchtenden Farben und das oft süße Fruchtfleisch locken Vögel an. Vögel können auch solche Beeren fressen, die für uns Menschen giftig sind.
Die Vögel fressen die Früchte und fliegen weiter. Sie scheiden später die unverdaulichen Samen wieder aus. Wenn diese Samen in der Erde keimen, wachsen dort neue Pflanzen.

Ordne die Pflanzen nach den Farben ihrer Früchte. Trage sie in die Tabelle ein. Male die Früchte an.

Pfaffenhütchen | Brombeere | Heckenrose

Holunder | Schlehe | Eberesche

Rote oder orange Früchte	Schwarze oder blaue Früchte

Name:

Von der Blüte zur Frucht

1. So entwickelt sich die Heckenrose. Schreibe unter jedes Bild die passende Satznummer.

① Die Hagebutten reifen heran. ② Die Heckenrose blüht.
③ Die Früchte färben sich rot. ④ Beim Verblühen fallen die Blütenblätter ab.

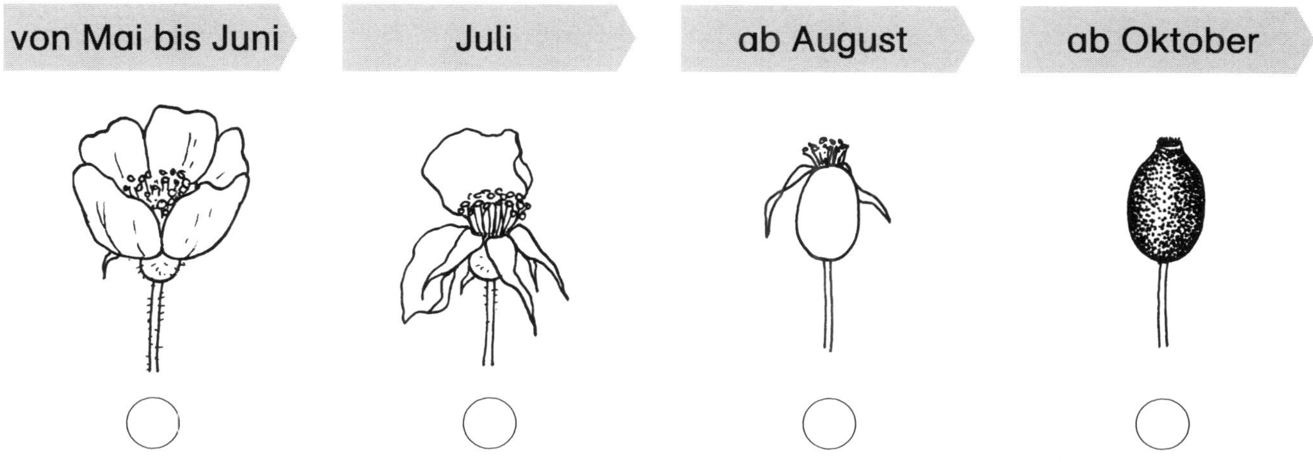

2. Ergänze den Text mit den richtigen Wörtern.

nach unten Blüten Blütenblättern

Hagebutte Blütenboden rot

Im Frühling und Sommer trägt die Heckenrose viele weiße bis hellrosa ______, die gut duften. Jede Blüte besteht aus fünf ______. Nachdem die Pflanze verblüht ist, klappen die Blütenblätter ______ und fallen ab. Aus dem ______ entwickelt sich im Spätsommer die ______. Die Hagebutte färbt sich im Herbst ______.

Name:

Frühstücken mit Heckenfrüchten

Beginnt euren Schultag doch einmal mit einem gemeinsamen Heckenfrühstück in der Klasse. Joghurt mit Brombeeren eignet sich dazu gut. Guten Appetit!

Joghurt mit Brombeeren
Du brauchst für 3 Kinder:

100 g Brombeeren
450 g Naturjoghurt
2 Teelöffel Zucker

Das Rezept für Brombeerjoghurt wurde ganz schnell aufgeschrieben.
Bilde aus den Stichpunkten ganze Sätze.

Brombeeren – gründlich waschen – in einem Sieb – zuerst – gut abtropfen

schneiden – Brombeeren – in kleine Stücke – als Nächstes

alle Brombeerstücke – in eine große Schüssel – geben

Joghurt – Hälfte des Zuckers – hinzugeben

so lange rühren – bis Joghurt – Farbe der Brombeeren – gleichmäßig annehmen

Rest von Zucker dazugeben – verrühren

Name:

Heckenführerschein (1)

Kreuze die richtigen Antworten an. Es können mehrere Antworten stimmen. Male alle Lösungen im Bild am Ende in einer Farbe an.

1. Viele Hecken in der freien Natur stehen unter Naturschutz. Hier darfst du …

A ◯ ungestört so viele Pflanzen pflücken, wie du willst.

B ◯ keine Pflanzen abpflücken.

C ◯ nur die roten Beeren pflücken.

2. Auf dem Weg zur Hecke …

A ◯ renne ich mit meinem Freund schon mal vor.

B ◯ trödle ich und achte nicht auf die Autos.

C ◯ achte ich auf den Verkehr.

3. In der Umgebung einer Hecke …

A ◯ darf ich auf benachbarte Felder oder in den Wald laufen.

B ◯ verhalte ich mich besonders leise.

C ◯ bleibe ich an der Hecke und achte auf die Gruppe.

4. Achtung, Zecken! Diese Kleidung trage ich bei einem Heckenausflug:

A ◯ eine kurze Hose oder ein Kleid mit offenen Schuhen.

B ◯ die Hosenbeine in die Socken gesteckt.

C ◯ feste Schuhe und eine lange Hose.

5. Wenn ich an der Hecke eine Wespe oder Biene sehe, …

A ◯ schlage ich wie wild danach.

B ◯ versuche ich, sie einzufangen.

C ◯ bleibe ich ruhig und beobachte die Insekten.

Name:

Heckenführerschein (2)

6. Bei einem Heckenausflug …

A ◯ bleibe ich immer in Sichtweite des Lehrers und der Gruppe.

B ◯ entferne ich mich so weit es geht von meiner Gruppe.

C ◯ mache ich viel Quatsch.

7. Wenn eine Heckenpflanze schön aussieht, …

A ◯ nehme ich sie gleich mal in den Mund.

B ◯ stecke ich keine Pflanzen in den Mund, denn sie könnten giftig sein.

C ◯ pflücke ich sie ab und stecke sie heimlich in die Tasche.

8. An einer Hecke …

A ◯ fasse ich als Erstes alle Pflanzen an.

B ◯ bewege ich mich vorsichtig.

C ◯ achte ich auf Dornen oder Stacheln.

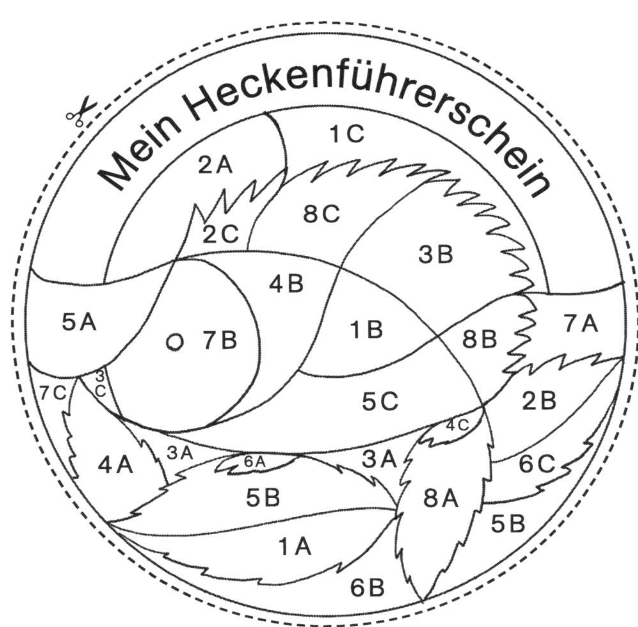

Hast du herausgefunden, wer sich im Laub versteckt?
Herzlichen Glückwunsch, du hast den Heckenführerschein bestanden.

4. Kapitel: Ein Ausflug zur Hecke

Die Kopiervorlagen auf einen Blick

Seite	KV-Titel	Dauer	Lernziele	Didaktisch-methodische Hinweise
69	Einen Heckenausflug planen	½ UE*	• Vorbereiten eines Heckenausflugs mithilfe einer Checkliste	Klassengespräch, Einzelarbeit Vorbereitung für Unterrichtsgang
70	Mit allen Sinnen zur Hecke	½ UE, Unterrichtsgang	• Direktes Erleben der Hecke über verschiedene Sinneseindrücke	Klassengespräch, Partnerarbeit, Unterrichtsgang, Sinneserfahrung
71	Fundstücke sammeln	1 UE, Unterrichtsgang	• Spielerisches Kennenlernen von Heckenelementen • Dokumentation der Fundstücke • Anlegen eines Mandala oder einer Heckenausstellung	Einzel- und Gemeinschaftsarbeit, Unterrichtsgang, Differenzierung möglich, Dokumentationstechniken
72	In der Hecke ist was los!	1 UE, Unterrichtsgang	• Verwendung von Lupe und Spiegel, um Tiere und Pflanzen vor Ort genauer kennenzulernen • Vertieftes Kennenlernen von Pflanzen durch Bestimmungsübungen	Einzelarbeit, Klassengespräch, Unterrichtsgang, Hausaufgabe, Projektarbeit
73	Ein Tier unter der Lupe	1 UE, Unterrichtsgang	• Genaues Erforschen der Umgebung einer Hecke • Detailliertes Untersuchen von Heckentieren mit der Becherlupe	Einzelarbeit, Unterrichtsgang, Forscher- und Dokumentationstechniken
74	Welches Blatt ist das?	½ UE, Unterrichtsgang	• Auffinden und Bestimmen von Sträuchern anhand ihrer Blätter	Einzelarbeit, Unterrichtsgang, Handlungsorientierung
75	Projekt Heckenfrüchte	1 UE, Unterrichtsgang	• Vertieftes Kennenlernen und Untersuchen von Heckenfrüchten	Einzel- oder Gruppenarbeit, Unterrichtsgang, Klassengespräch, Hausaufgabe, Handlungsorientierung
76	Hecken-Ideen	1 – 2 UE, Unterrichtsgang	• Spielerisches Erlernen von Heckenbegriffen • Spielerische Beschäftigung mit Heckenpflanzen und -tieren	Gemeinschaftsarbeit, Unterrichtsgang, zur spielerischen Wiederholung von Lerninhalten geeignet
77	Fühlstation/ Laufzettel	1 – 2 UE für gesamtes Stationentraining	• Heckenfundstücke durch Fühlen und Ertasten zuordnen und haptisch erfahren	Stationenarbeit, Einzel- oder Partnerarbeit, Freiarbeit
78	Heckenkünstler/ Lernkartei Heckenpflanzen	1 – 2 UE für gesamtes Stationentraining	• Kreatives Gestalten mit Heckenpflanzen/-fundstücken • Zuordnung und Einüben, welche Blätter von welcher Heckenpflanze stammen	Stationenarbeit, Einzel- und Partnerarbeit, Ergebnissicherung, Freiarbeit, künstlerisches Gestalten
79	Heckentier-Quiz	1 – 2 UE für gesamtes Stationentraining	• Spielerische Ergebnissicherung der Heckentiere über ein Quiz	Stationenarbeit, Einzel- oder Partnerarbeit, Ergebnissicherung, Freiarbeit
80	Paare finden	1 – 2 UE für gesamtes Stationentraining	• Spiel: Tiere anhand passender Wort-Bild-Paare finden	Stationenarbeit, Partner- oder Gruppenarbeit, Freiarbeit

* UE = Unterrichtseinheit

Zu den einzelnen Kopiervorlagen

KV Seite 69

Einen Heckenausflug planen

Vorbereitung
Besorgen Sie die notwendigen Materialien, wie Becherlupen und kleine Lupen, bevor Sie mit den Schülern zu einem Heckenausflug starten. Planen Sie vor Ort ein Heckenpicknick, so teilen Sie ein, welche Kinder welche Lebensmittel mitbringen. Achten Sie aber darauf, dass die Rucksäcke der Schüler nicht zu schwer werden. Liegt eine Wildhecke weiter von der Schule entfernt, so organisieren sie ggf. für die Gruppe eine Bus- oder Bahnfahrt.

Einstieg
Die Checkliste umfasst Material, das für mehrere bzw. unterschiedlich gestaltete Heckenausflüge gedacht ist. Besuchen Sie die Schulhecke oder gehen die Schüler am Nachmittag zur Hecke im heimischen Garten, muss natürlich nicht alles mitgenommen werden. Überprüfen Sie, was für Ihren jeweiligen Ausflug notwendig ist. Als Einstieg zu jeder KV ist noch einmal aufgelistet, was Sie speziell für die jeweiligen Aktionsideen benötigen.
Wiederholen Sie vor dem Ausflug die Heckenregeln von Seite 17 „Schütze die Hecke!“ und den „Heckenführerschein“ von Seite 61 / 62.

Zum Einsatz der KV
Lesen Sie die Checkliste mit den Schülern gemeinsam und besprechen Sie die Liste. Was ist bereits an Material bei den Kindern vorhanden, was muss gekauft bzw. noch angefertigt werden? Was können die Schüler an Proviant für ein Picknick mitbringen? Nicht jedes Kind muss alles von der Liste mitnehmen. Teilen Sie auf, es reicht z. B. aus, wenn ein oder zwei Bestimmungsbücher und für je zwei Schüler eine Becherlupe mitgenommen werden.

Mit allen Sinnen zur Hecke

Einstieg
Besprechen Sie im Plenum die verschiedenen Sinne und schreiben Sie sie an die Tafel: Hören, Fühlen, Sehen, Schmecken, Riechen. Bis auf das Schmecken (keine Beeren oder anderen Früchte pflücken und essen!) kann alles vor Ort direkt an der Hecke erkundet werden.
Zur Einstimmung probieren Sie das Sinneerlebnis mit den Schülern in einer Unterrichtsstunde aus. Jedes Kind setzt sich still auf seinen Stuhl und schließt die Augen. Spüren die Schüler, wie ihre Füße auf dem Boden stehen? Welche Geräusche hören sie in der Umgebung und können sie alle Geräusche zuordnen? Wie riecht der Klassenraum? Die Schüler öffnen ihre Augen. Was sehen sie?

Zum Einsatz der KV
Die Kinder nehmen das Arbeitsblatt zum Heckenausflug mit oder Sie besprechen es vorab gemeinsam im Unterricht. Es empfiehlt sich, die Sinneseindrücke in Partnerarbeit erforschen zu lassen. Die Schüler tragen die Ergebnisse ihrer Hecken-Sinneserkundung vor Ort in das Arbeitsblatt ein. Anschließend können die verschiedenen Eindrücke verglichen werden.

Beispiellösungen
Ich höre: Vogelgezwitscher, das Quaken einer Kröte, etwas raschelt in der Hecke, einen knackenden Ast, Straßengeräusche …
Ich fühle: raue Rinde, das Blatt ist weich und rund, einen spitzen Stachel …
Ich rieche: feuchte Luft, süßlichen Duft, etwas riecht streng, gar nichts …
Ich sehe: eine weiße Schlehenblüte, ein Vogelnest, ein Spinnennetz …

Ergebnissicherung
Die Schüler stellen ihre Ergebnisse im Plenum vor. Dabei können die Sinneseindrücke gemeinsam näher bestimmt werden: Das ist die Rinde eines Haselstrauchs, das ist der Ruf einer Amsel, das ist die Feder eines Eichelhähers, das ist eine Maus in den Blättern …

Weiterführende Anregung
Um den Geschmacksinn zu testen, bietet sich bei einem Ausflug ein Heckenpicknick an. Dafür eignet sich: Baguette, Holunder- oder Brombeergelee, selbst gebackener Haselnusskuchen, Joghurt mit Brombeeren. Bereiten Sie den Brombeerjoghurt nach dem Rezept von Seite 60 vorher gemeinsam mit den Schülern zu und nehmen Sie ihn in einer Schüssel mit, die sich dicht verschließen lässt. Nehmen Sie zusätzlich Fingerfood mit, wie Kohlrabi- oder Gurkenstücke, Käsewürfel und kleine Frikadellen.

Fundstücke sammeln

Vorbereitung
Besorgen Sie für dieses Projekt für jeden Schüler einen 10er-Eierkarton.

Einstieg

Weisen Sie die Schüler an dieser Stelle noch einmal darauf hin, dass sie bei Heckenpflanzen auf Dornen und Stacheln achtgeben müssen. Wiederholen Sie im Unterricht, welche Heckenpflanzen giftig und welche unbedenklich sind.

Zum Einsatz der KV

Die Schüler nehmen das Arbeitsblatt zum Heckenausflug mit und nutzen es als Checkliste. Sie können zu zweit oder in Gruppen arbeiten. Die Fundstücke können später dazu verwendet werden, um ein Heckenmandala im Klassenraum zu legen, wo es einige Tage liegenbleiben kann. Verderbliche Früchte wie Brombeeren u. a. werden entsprechend entfernt. Für das Mandala können auch gepresste Blätter verwendet werden.
Alternativ können die Schüler eine Heckenausstellung im Klassenraum oder der Aula nach eigenen Vorstellungen gestalten. Hierfür können gepresste Heckenpflanzen, Blüten, Früchte und andere Fundstücke wie Federn oder schöne Steine verwendet werden, entweder als Wandcollage oder als dekorative Sammlung auf einem großen Tisch. Die Notizzettel mit Funddatum und -ort dokumentieren die Sammlungsstücke.

Differenzierungsmöglichkeit

Die Suche nach Fundstücken kann noch etwas weiter gefasst werden. Die Schüler suchen und sammeln dann folgende Dinge an einer Hecke: etwas Rundes, etwas Spitzes, etwas Eckiges, etwas Weiches, etwas Rotes usw.

Ergebnissicherung

Die Schüler fotografieren ihre Fundstücke und heften das Foto/die Fotos in ihr Heckenbuch. Für den Einsatz im Heckenbuch pressen die Kinder Blätter und Blüten entweder in einer Blumenpresse oder zwischen Zeitungen, die mit Büchern oder Katalogen beschwert werden. Sind die Fundstücke nach einigen Tagen völlig getrocknet, können sie in das Heckenbuch geklebt oder für die Heckenausstellung verwendet werden. Zur Dokumentation notieren die Schüler Name der Pflanze, Fundort und Funddatum.

Weiterführende Anregungen

- Fundstücke wie eine Haselnuss können vorne auf das Deckblatt des Heckenbuchs geklebt werden.
- Mögliche Hausaufgabe: Die Schüler suchen am Nachmittag an der Gartenhecke oder einer frei zugänglichen Hecke nach weiteren Fundstücken, die sie am nächsten Tag entweder frisch in das Klassenmandala einfügen bzw. zunächst zwischen Zeitungen pressen und für ihr Heckenbuch oder die Heckenausstellung nutzen.

In der Hecke ist was los!

Vorbereitung

Besorgen Sie für dieses Projekt für jeden Schüler eine Lupe und einen kleinen Spiegel.

Einstieg

Bei diesem Projekt suchen und beobachten die Kinder konkrete Pflanzen und Tiere eines Heckenabschnitts. Wiederholen Sie mit den Schülern, welche Tiere in der Hecke und der Umgebung einer Hecke vorkommen. Einige Heckentiere, wie Reh und Hase, sind scheu und es ist schwierig, sie am Tag zu Gesicht zu bekommen. Aber vielleicht entdecken die Schüler Spuren dieser Tiere? Besprechen Sie im Vorfeld noch einmal, welche Spuren Tiere hinterlassen können (leere Schneckenhäuser, Knabberspuren, Abdrücke, leere Kokons, Häute etc.). Wiederholen Sie die Heckenregeln und den Umgang mit Heckentieren. Weisen Sie noch einmal darauf hin, dass keine Tiere gestört werden dürfen. Brüten Vögel in der Hecke, so kann das Projekt zu dem Zeitpunkt nicht durchgeführt werden. Wiederholen Sie ggf. im Unterricht die wichtigsten Heckenpflanzen.

Zum Einsatz der KV

Die Schüler nehmen das Arbeitsblatt zum Heckenausflug mit. Geben Sie den Kindern einige Minuten Zeit, um die Anweisung zu lesen. Sie können die Aufgaben auch gut in Partnerarbeit lösen. Für die Lupenbeobachtung pflücken die Schüler keine Pflanzenteile ab. Zur genauen Beobachtung schieben sie Blätter und Blüten lediglich vorsichtig zur Seite bzw. drehen sie ein wenig. Die Ergebnisse der Lupenbeobachtungen tragen die Schüler vor Ort oder als Hausaufgabe in das Arbeitsblatt ein. Bei einer Erledigung als Hausaufgabe bietet es sich an, die Beobachtungen vorher an der Hecke zu notieren.

Lösung

Die jeweiligen Beobachtungen der Schüler, sowohl zu Pflanzen, z. B. Form der Blätter, Rand der Blätter, Aussehen der Frucht, als auch zu den Tieren, die sich auf den Pflanzen befinden, wie Käfer, kleine Spinne u. a., Beobachtungen von Tierspuren, z. B. angeknabbertes Blatt, leeres Vogelnest, Haselnussschale.

Ergebnissicherung

Die Schüler stellen ihre Ergebnisse im Plenum vor. Anschließend heften sie das Arbeitsblatt in ihr Heckenbuch.

KV Seite 73

Ein Tier unter der Lupe

Vorbereitung
Besorgen Sie für die Klasse genügend Becherlupen. Sie können gekaufte oder selbst hergestellte Becherlupen einsetzen.

Einstieg
Die Kinder untersuchen ein kleines Heckentier genauer und bestimmen seine Merkmale. Gehen Sie vorher noch einmal auf die verschiedenen Kleintiere wie Insekten, Spinnen, Bienen usw. ein, die in einer Hecke leben. Üben Sie noch einmal den Umgang mit Bestimmungsbüchern.

Zum Einsatz der KV
Die Schüler nehmen das Arbeitsblatt zum Heckenausflug mit und tragen die Ergebnisse ihrer Tierbeobachtungen vor Ort in das Blatt ein. Achten Sie auf einen sorgsamen Umgang mit den Tieren und darauf, dass die Tiere im Anschluss wieder freigesetzt werden. Aufgabe 2 kann als vertiefende Hausaufgabe bearbeitet werden.

Beispiellösung
Wo war das Tier? auf einem Blatt
Welche Farbe hat das Tier? grün schillernd
Wie viele Beine hat es? 6
Wie groß ist das Tier ungefähr? 5 mm
Hat es Flügel? ja
Wie bewegt sich das Tier fort? Es krabbelt.
Besonderes Merkmal: Das Tier hat noch zwei Fühler. /
Der Käfer ist sehr flach / kugelig.
Das Tier heißt: Blattkäfer

Ergebnissicherung
Die Schüler ergänzen ihre Beobachtungen mithilfe des Bestimmungsbuchs und stellen anschließend ihre Ergebnisse im Plenum vor. Sie heften das Arbeitsblatt in ihr Heckenbuch.

KV Seite 74

Welches Blatt ist das?

Einstieg
Die Schüler suchen die Blätter typischer Heckenpflanzen, dabei orientieren sie sich an den Umrissen auf dem Arbeitsblatt. Sicher ist es schwierig, alle Blätter bei einem einzigen Heckenausflug zu finden. Vielleicht ist es möglich, mehrere Unterrichtsgänge zu verschiedenen Heckensträuchern abzuhalten. Das Arbeitsblatt kann dann jeweils ergänzt werden.

Zum Einsatz der KV
Die Schüler nehmen das Arbeitsblatt zum Heckenausflug mit. Geben Sie den Kindern einige Minuten Zeit, um den einleitenden Text und die Arbeitsanweisung zu lesen. Sie tragen den Namen der Pflanze direkt vor Ort ein. Passende Blätter werden später im Klassenraum in einer Blumenpresse oder zwischen Zeitungen gepresst und nach dem Trocknen auf das Arbeitsblatt geklebt. Es ist auch möglich, die frischen Blätter schon während des Heckenausflugs aufzukleben, allerdings werden sich die Blätter dann mit der Zeit zusammenziehen, da sie trocknen.
Für den Transport der frischen Blätter eignen sich kleine Plastiktüten, in die die Blätter flach hineingelegt werden.

Lösung

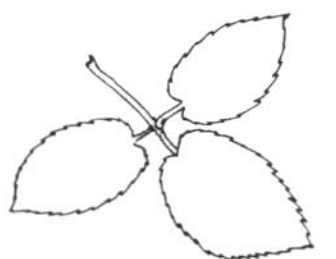
Brombeere

Schlehe (Schlehdorn)

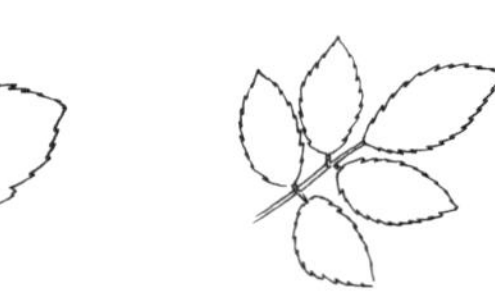
Holunder

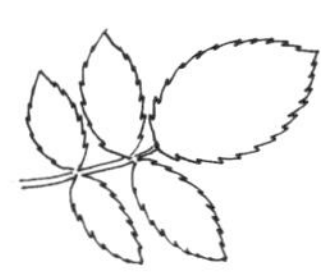
Heckenrose

Haselstrauch

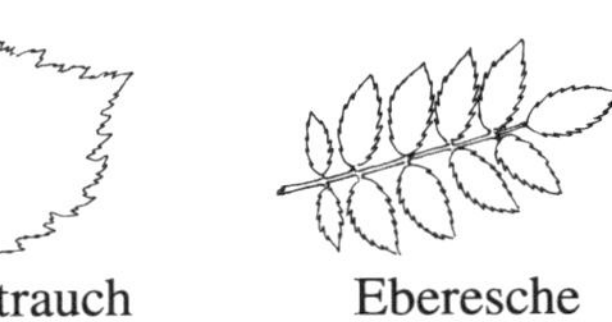
Eberesche

Ergebnissicherung
Die Schüler stellen ihre Ergebnisse im Plenum vor und heften das Arbeitsblatt in ihr Heckenbuch.

KV Seite 75

Projekt Heckenfrüchte

Einstieg
Die Schüler lernen Heckenfrüchte in ihrer natürlichen Umgebung zu erkennen und selbstständig zu bestimmen. Hierbei beachten sie die Farbe der Frucht und ihren Wuchsort. Die Ähnlichkeiten zwischen dem Strauchnamen und dem Namen der Frucht werden deutlich. Die Aufgabe lässt sich im Spätsommer oder Herbst durchführen, wenn die Heckenfrüchte reif sind. Wiederholen Sie noch einmal die bekannten Heckenfrüchte von Seite 57.

Zum Einsatz der KV
Die Schüler nehmen das Arbeitsblatt zum Heckenausflug mit. Sie füllen es entweder vor Ort aus oder im Rahmen einer Hausaufgabe. Aufgabe 1 ist vor Ort für die Arbeit in einer Kleingruppe von zwei bis drei Kindern geeignet, alternativ kann sie von den Schülern auch in Einzelarbeit ausgeführt werden. In Begleitung von Erwachsenen kön-

nen die Schüler auch Beeren pflücken und sammeln. Weisen Sie darauf hin, dass viele Beeren essbar sind, einige davon aber nur im gekochten Zustand (z. B. Holunderbeeren, Vogelbeeren).

Beispiellösung

Die Früchte haben diese Farben:

Frucht 1	Frucht 2	Frucht 3	Frucht 4
Blau	Rot	Braun	Schwarz

Die Früchte wachsen an diesen Sträuchern:

Frucht 1	Frucht 2	Frucht 3	Frucht 4
Schlehe	Heckenrose	Haselstrauch	Holunder-strauch

Die Früchte heißen:

Frucht 1	Frucht 2	Frucht 3	Frucht 4
Schlehen	Hagebutten	Haselnüsse	Holunder-beeren

Das ist mir noch aufgefallen: z. B. Ich habe keine grünen Früchte gesehen. / Die Früchte waren noch nicht reif. / Nur die Früchte, die in der Sonne hängen, waren reif. / Die Haselnüsse lagen schon am Boden.

Ergebnissicherung

Die Schüler vergleichen ihre Ergebnisse mit denen der anderen und besprechen sie im Plenum. Sie heften das Arbeitsblatt in ihr Heckenbuch. Die Fotos sollen entsprechend dokumentiert werden: Name, Fundort, Funddatum. Gesammelte Früchte können im Klassenraum für eine Heckenausstellung verwendet werden.

Hecken-Ideen

Einstieg

Erklären Sie den Schülern, dass auch bei diesen spielerischen Aktionen ein achtsamer Umgang mit dem Lebensraum Hecke notwendig ist. Die Kinder sollen sich möglichst leise verhalten, keine Tiere erschrecken und keine Pflanzen mutwillig zertreten. Vor der Hecke wird Platz benötigt. Möglicherweise gibt es eine Wiese, auf der die Aktionen stattfinden können.

Zum Einsatz der KV

Die Schüler führen die Aktionsideen selbstständig durch. Sie benötigen dazu lediglich ein Tuch zum Augenverbinden. Falls die Schüler beim Spiel „Ich sehe was, was du nicht siehst, …" bisher unbekannt gebliebene Pflanzen oder Tiere sehen, unterstützen Sie sie bei der Bestimmung.

Erläutern Sie zu dem Fledermaus- und Falterspiel, dass Fledermäuse im Dunkeln jagen und ihre Beute, kleine Insekten, allein über das Aussenden und Empfangen von Echo orten.

Ergebnissicherung

Alle Spiele außer dem Bewegungsspiel eignen sich als spielerische Wiederholung von Lerninhalten zum Thema „Hecke".

Weiterführende Anregungen

- Führen Sie mit den Schülern ein Heckengeräuschesammeln durch. Benötigt werden hierfür Stift und Papier. Voraussetzung für dieses Erleben ist trockenes, schönes Wetter, sodass die Kinder sich in der Umgebung einer Hecke auf den Boden setzen können. Nun schließen alle die Augen und lauschen den Geräuschen ihrer Umgebung. Das, was sie hören, schreiben sie anschließend auf oder malen es.
- Die Schüler suchen in der Hecke Spinnennetze. Sie achten auf die unterschiedliche Form und die Größe der Netze.

Stationenarbeit

Einstieg

Die einzelnen Stationen werden von den Schülern selbstständig und in beliebiger Reihenfolge durchgeführt. Die Materialien und Fundstücke, die bei einem Heckenausflug gesammelt werden, dienen als Materialien für die Stationen. Stellen Sie für die Stationenarbeit im Klassenraum Ablageflächen auf einem Tisch oder Regal bereit, aus denen die Schüler die entsprechenden Materialien entnehmen können. Legen Sie ausreichend Kopien der Arbeitsblätter an den Stationen bereit. Jedes Kind erhält einen Laufzettel (Seite 77, untere Hälfte). Nach jeder bearbeiteten Station haken die Kinder die Station auf dem Laufzettel ab und behalten so den Überblick.

Station 1: Fühlstation

Vorbereitung

Bereiten Sie für die Fühlstation kleine Säckchen/Stoffbeutel vor und nummerieren Sie sie von 1 bis 5. In jeden Stoffbeutel geben Sie ein Heckenfundstück: Blatt einer Heckenpflanze, Haselnuss, kleiner Stein, Vogelfeder, kleiner Ast mit Dorn oder Stachel. Je nachdem, was bei einem Heckenausflug gesammelt wurde, können die Inhalte der Fühlstation entsprechend abgewandelt werden.

Zum Einsatz der KV

Material für die Station: befüllte Fühlsäckchen, Malpapier, Stifte, oberer Teil von Seite 77

Die Schüler führen die Stationenarbeit selbstständig durch. Sie ertasten, zunächst blind, was in den Fühlbeuteln ist, und tragen dann die entsprechende Nummer auf dem Arbeitsblatt ein. Anschließend holen sie ein Fundstück heraus, fertigen eine Zeichnung an und notieren, was sie über den Fund wissen.

Ergebnissicherung

Die Schüler präsentieren ihre Zeichnungen im Klassenraum (Wandcollage, an eine Schnur gereiht usw.).

Weiterführende Anregung

Diese Station eignet sich auch außerhalb eines Stationentrainings für die Partnerarbeit. Ein Schüler befüllt den Beutel, geht damit zu einem anderen Kind, das das Fundstück dann ertastet, errät und berichtet, was es darüber weiß.

Stationen 2 und 3: Heckenkünstler und Lernkartei Heckenpflanzen

Vorbereitung

An der Station Heckenkünstler genügend Material zum Drucken bereitstellen, dazu Zeichenpapier, Wasserfarben, Pinsel, Stifte und evtl. Schutz für die Kleidung.

An der Station Lernkartei Heckenpflanzen Karteikarten mit verschiedenen gepressten und getrockneten Blättern und Blüten von Heckenpflanzen vorbereiten (mindestens 10 Karten). Auf der Rückseite jeweils mit dem Namen der Pflanze beschriften und alle in einen Lernkarteikasten sortieren, evtl. vorher laminieren.

Zum Einsatz der KV

Diese Stationen eignen sich als Ergebnissicherung für den Themenbereich „Pflanzen der Hecke". Bei der Druck-Station setzen die Kinder künstlerisch ihr Wissen über Heckenpflanzen um.

Für die Lernkartei nehmen die Kinder je ein Kärtchen, betrachten das Blatt und überlegen, zu welcher Pflanze es gehört. Glauben sie, die richtige Antwort zu wissen, drehen sie die Karte um und überprüfen das Ergebnis. Richtige Antworten legen sie neben sich, falsche kommen hinten in den Kasten. Die Station gilt als bearbeitet, wenn die Kinder eine vorher festgelegte Anzahl an Karten richtig benannt haben (z. B. 5).

Weiterführende Anregung

Die Lernkartei ist auch für die Partnerarbeit geeignet: Abwechselnd ziehen die Schüler eine Karte und zeigen das Blatt dem Partner, der die Pflanze erraten muss.

Station 4: Heckentier-Quiz

Zum Einsatz der KV

Diese Station eignet sich als Ergebnissicherung des Themenbereichs „Tiere der Hecke". Die Schüler führen das Heckentier-Quiz selbstständig durch und kontrollieren mit der Lösung. Das ist auch gut in Partnerarbeit möglich.

Lösung

1a, 2a, 3c, 4c, 5b, 6c, 7b, 8c, 9b

Station 5: Paare finden

Vorbereitung

Vor der ersten Benutzung bitte die Kopiervorlage vergrößern und auf Pappe oder stärkeres Papier kleben. Schneiden Sie die einzelnen Kärtchen dann aus. Zur besseren Haltbarkeit können Sie die Kärtchen laminieren.

Zum Einsatz der KV

Diese Station ist für Partnerarbeit oder Arbeit in Kleingruppen geeignet. Für das Spiel „Paare finden" mischen die Schüler die Kärtchen und legen sie verdeckt auf den Tisch. Dann deckt jeder Schüler zwei Kärtchen auf. Passen Bild und Text zusammen, darf das Kind sie nehmen. Passen sie nicht zusammen, dreht es die Kärtchen wieder um und der Nächste ist an der Reihe. Wer am Schluss die meisten Paare gefunden hat, hat gewonnen.

Weiterführende Anregung

Die Kärtchen können rückseitig aneinandergeklebt und für eine Lernkartei verwendet werden.

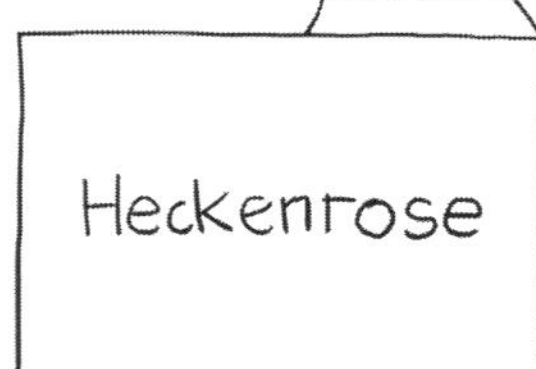

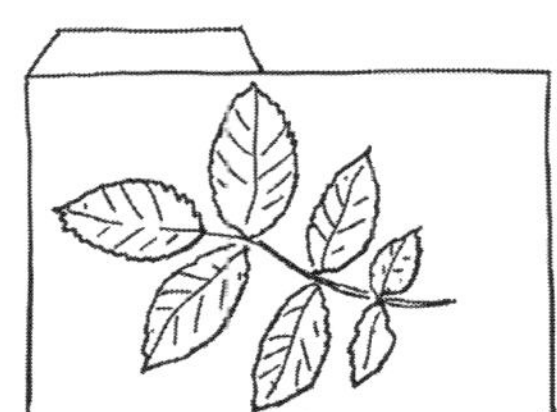

Name:

Einen Heckenausflug planen

Starte deinen Heckenausflug gut vorbereitet. Nutze die Checkliste und nimm nichts Überflüssiges mit. So bist du gut gerüstet, um die Tiere und Pflanzen der Hecke zu erforschen und gleichzeitig deinen Ausflug zu genießen.

Checkliste für Heckenforscher

Unser Heckenausflug ist am:

Wir besuchen diese Hecke:

- ◯ Becherlupe oder Lupe
- ◯ Handlupe, kleiner Spiegel
- ◯ feiner Pinsel
- ◯ kleine Plastiktüten oder Plastikbecher zum Sammeln von Pflanzen und anderen Naturfundstücken, gut geeignet sind auch Eierkartons
- ◯ Klemmbrett als Unterlage zum Schreiben
- ◯ Fotoapparat
- ◯ Bestimmungsbuch für Pflanzen und Tiere
- ◯ Tuch für ein Heckenspiel
- ◯ kleiner Malblock, Bleistift und Buntstifte
- ◯ Proviant, Trinkflasche und Sitzunterlage für ein Heckenpicknick
- ◯ Kleidung: feste Schuhe, lange Hose (wegen Zeckengefahr!)

Das ist noch wichtig:

Name:

Mit allen Sinnen zur Hecke

Eine Hecke kannst du mit allen deinen Sinnen erleben. Manches fühlt sich spitz, rau oder glatt an. Manches duftet oder raschelt. Einiges ist weich, grün oder rot. Du findest sicher noch vieles mehr. Ein Tipp: Schließe beim Hören, Riechen und Fühlen die Augen. Am besten arbeitest du mit einem Partner. Vorsicht bei Dornen und Stacheln!

Schreibe immer mindestens drei Eindrücke auf.

Ich höre:

Ich fühle:

Ich rieche:

Ich sehe:

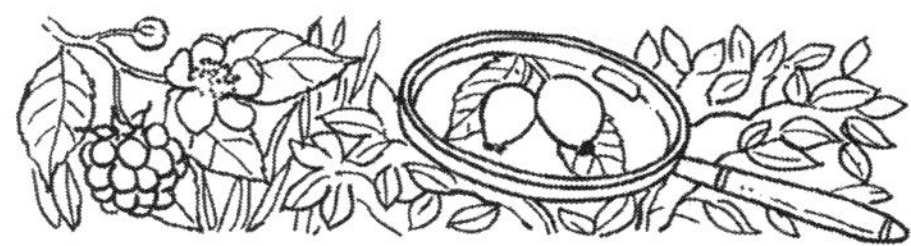

Name:

Fundstücke sammeln

Du brauchst:
- einen Eierkarton
- kleine Notizzettel
- einen Stift

1. Suche bei einem Heckenausflug folgende Dinge:

◯ 1) eine Vogelfeder
◯ 2) eine Blüte oder eine essbare Frucht (je nach Jahreszeit)
◯ 3) ein rundes Blatt
◯ 4) ein längliches Blatt
◯ 5) ein Blatt mit glattem Rand
◯ 6) einen Dorn oder Stachel
◯ 7) einen kleinen Stein
◯ 8) ein leeres Schneckenhaus
◯ 9) eine Nuss
◯ 10) einen kleinen Ast

Das habe ich noch gefunden:

2. Sammle deine Fundstücke im Eierkarton und beschrifte sie mit Funddatum und Fundort.

Name:

In der Hecke ist was los!

Du brauchst:

- eine Lupe und einen kleinen Spiegel

Untersuche Tiere und Pflanzen der Hecke genau. Schreibe oder zeichne deine Ergebnisse auf.

1. Suche dir einen Abschnitt der Hecke aus, den du genauer erforschen möchtest. Du kannst auch vorsichtig an der Hecke entlanggehen.
2. Schau dich um, ob du Tierspuren entdeckst. Siehst du Fußabdrücke von Tieren, eine Vogelfeder oder ein zerbrochenes Vogelei?
3. Untersuche dann mit der Lupe Blätter, Blüten und Heckenfrüchte. Wie sieht ein Blatt unter der Lupe aus?
4. Schau dir alles auch von unten mit dem Spiegel an. Was entdeckst du unter den Blättern?

Diese Tierspuren habe ich entdeckt:

Das habe ich mit Lupe und Spiegel beobachtet:

Name:

Ein Tier unter der Lupe

Du brauchst:
- eine Becherlupe
- einen Pinsel
- ein Bestimmungsbuch
- eventuell Stifte

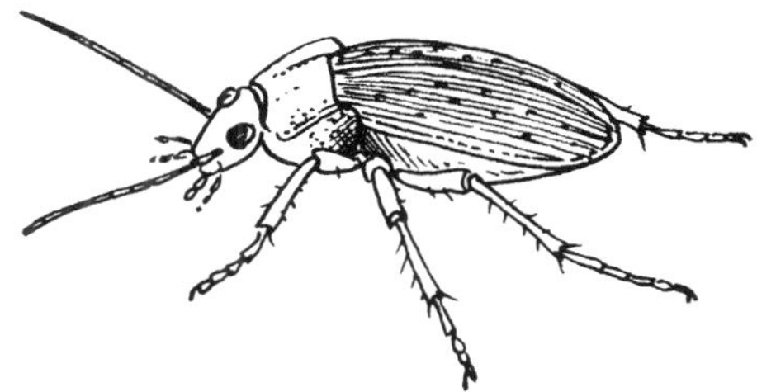

1. Sammle vorsichtig ein Kleintier mit dem Pinsel von einer Heckenpflanze ab und beobachte es in der Becherlupe. Schreibe auf. Du kannst dein Tier auch zeichnen.

Wo war das Tier?

Welche Farbe hat das Tier?

Wie viele Beine hat es?

Wie groß ist das Tier ungefähr?

Hat es Flügel? ◯ Ja. ◯ Nein.

Wie bewegt sich das Tier fort?

Besonderes Merkmal:

Das Tier heißt:

2. Suche das Tier auch in deinem Bestimmungsbuch.

Name:

Welches Blatt ist das?

Heckenpflanzen kannst du gut anhand ihrer Blätter unterscheiden. Manche Blätter sind herzförmig, andere rund oder länglich. Manche Blätter haben einen glatten Rand, andere einen gezackten. Blätter können hart sein oder weich.

Pflücke Blätter von verschiedenen Sträuchern und vergleiche sie mit den Bildern. Von welchem Strauch stammt das Blatt? Schreibe den Namen dazu.

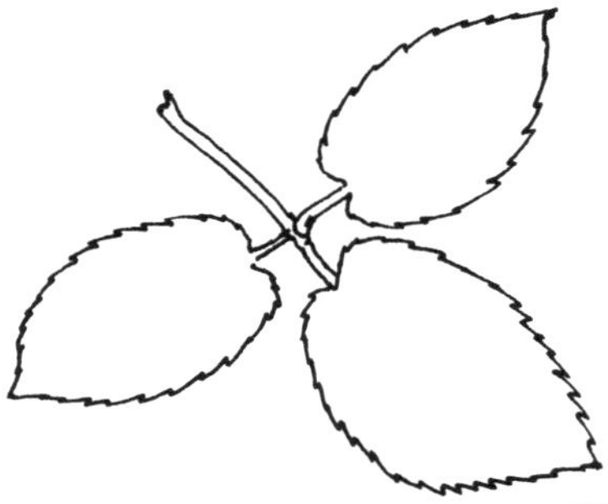

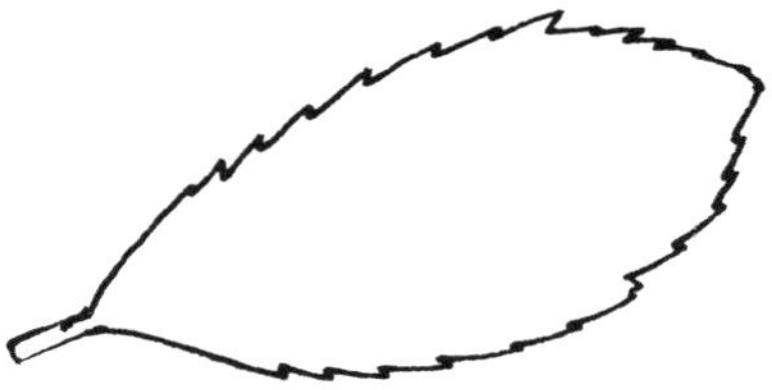

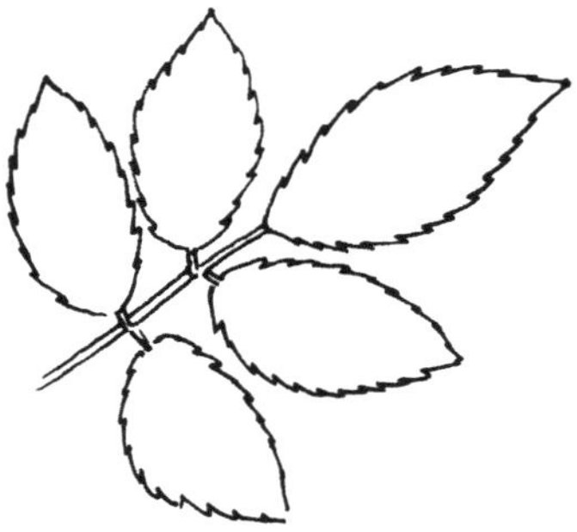

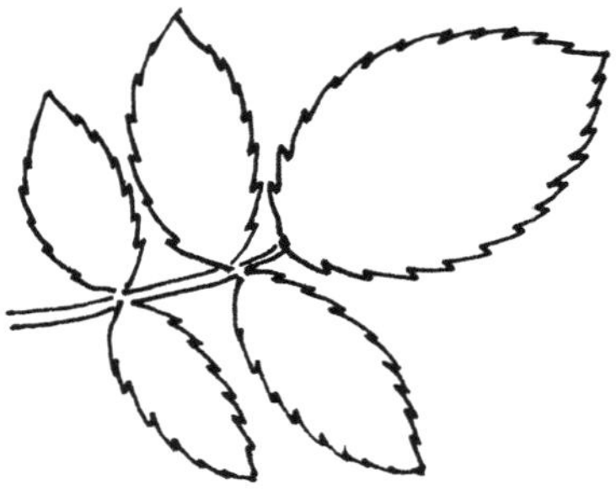

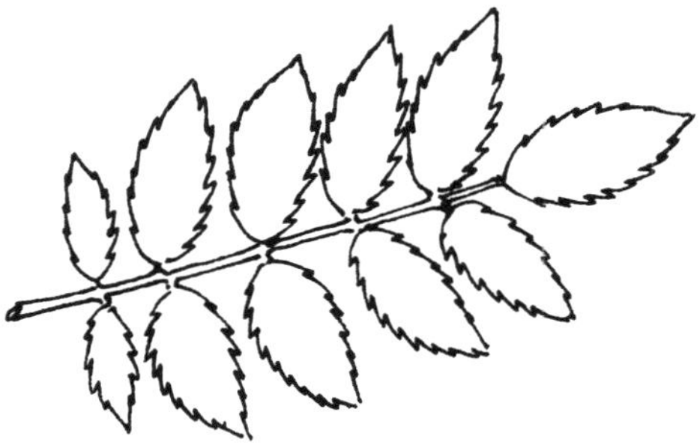

Name:

Projekt Heckenfrüchte

1. Suche an einer Hecke nach Früchten. Welche entdeckst du? Schreibe auf.

Die Früchte haben diese Farben:

Frucht 1	Frucht 2	Frucht 3	Frucht 4

Die Früchte wachsen an diesen Sträuchern:

Frucht 1	Frucht 2	Frucht 3	Frucht 4

Die Früchte heißen:

Frucht 1	Frucht 2	Frucht 3	Frucht 4

Das ist mir noch aufgefallen:

2. Mache Fotos von den Heckenfrüchten und klebe sie in dein Heckenbuch. Schreibe die Namen, den Fundort und das Datum dazu.

Hecken-Ideen

Ich sehe was, was du nicht siehst, und das ist …
Entdecke die Hecke mit den Augen deines Partners.
Ein Kind sucht sich ein Motiv der Hecke aus. Eine Frucht, ein Tier, ein Spinnennetz – alles ist möglich. Wer errät als Erster, was es ist?

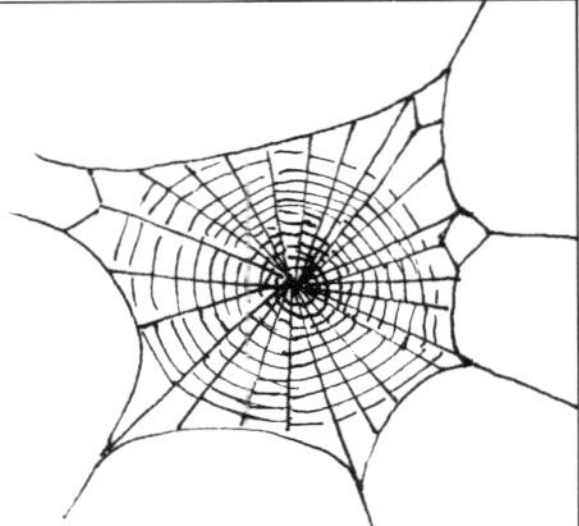

Fledermaus und Falter
Für dieses Spiel braucht ihr genügend freien Platz vor einer Hecke. Ihr könnt es z. B. auf einer Wiese vor der Hecke spielen. Ein Kind ist die Fledermaus, ein anderes Kind ist der Falter. Der „Fledermaus“ werden die Augen verbunden. Die anderen bilden einen großen Kreis, das ist das Jagdrevier der Fledermaus. Jetzt ruft der „Falter“ leise und immer wieder „Fledermaus!“ und die „Fledermaus“ muss allein über das Hören versuchen, ihn zu fangen.

Blätter ertasten
Pflückt typische Heckenpflanzenblätter wie Brombeere, Holunder, Haselnuss, Heckenrose. Einem Kind werden die Augen verbunden. Die anderen Kinder reichen ihm nun nach und nach ein Blatt und es versucht durch Tasten zu erkennen, um welches Blatt es sich handelt. Dann könnt ihr wechseln.

Heckentier-Pantomime
Bildet zwei Gruppen. Ein Kind aus der ersten Gruppe macht eine Minute lang lautlos ein Heckentier nach. Die zweite Gruppe muss erraten, um welches Tier es sich handelt. Nach Ablauf der Zeit kommt ein Kind aus der zweiten Gruppe an die Reihe und die erste Gruppe muss raten. Die Gruppe, die am meisten Tiere erraten hat, hat gewonnen.

Station 1: Fühlstation

1. Nimm die Fühlsäckchen und taste mit einer Hand vorsichtig hinein. Was fühlst du? Trage die Nummern ein.

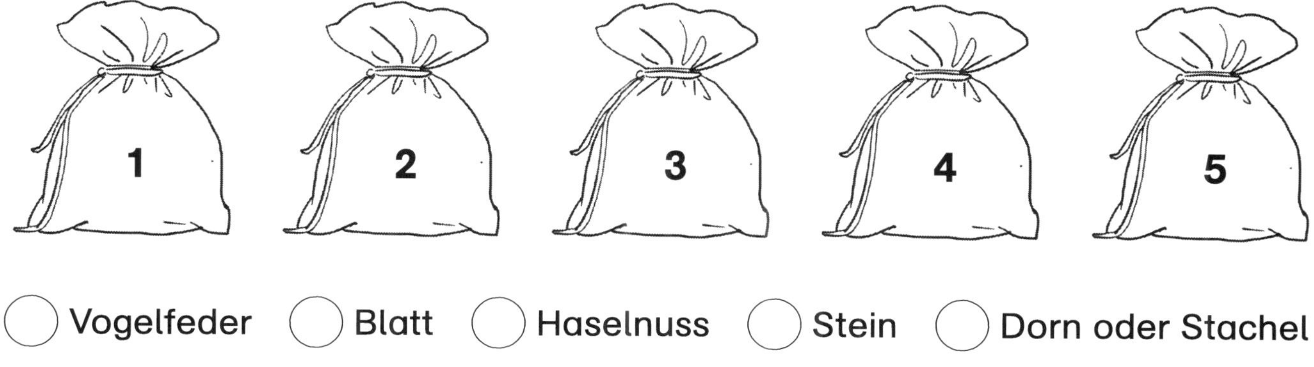

◯ Vogelfeder ◯ Blatt ◯ Haselnuss ◯ Stein ◯ Dorn oder Stachel

2. Nimm einen Gegenstand heraus und betrachte ihn genau. Zeichne ihn auf ein Extrablatt. Lege ihn dann zurück.

3. Schreibe auf, was du über diesen Gegenstand weißt.

✂

Stationen-Laufzettel

Name:		erledigt
Station 1	Fühlstation	
Station 2	Heckenkünstler	
Station 3	Lernkartei Heckenpflanzen	
Station 4	Hecken-Quiz	
Station 5	Paare finden	

Station 2: Heckenkünstler

Gestalte eine Hecken-Fantasiepflanze.

1. Male Blätter, Früchte und Steine oder die Rinde eines Asts auf einer Seite mit Wasserfarben an.
2. Drücke sie dann auf das Papier. Du erhältst unterschiedliche Abdrücke.
3. Gestalte mit den Abdrücken eine Fantasiepflanze der Hecke. Du kannst sie mit Stiften auch weiterzeichnen.
4. Denke dir einen Namen für deine Pflanze aus.

Station 3: Lernkartei Heckenpflanzen

Kennst du die Pflanzen?

1. Nimm eine Karte aus der Lernkartei. Sieh dir das Blatt oder die Blüte genau an.
2. Überlege, zu welcher Heckenpflanze das Blatt oder die Blüte gehört.
3. Drehe die Karte um und überprüfe dein Ergebnis.
4. Wenn deine Antwort richtig war, darfst du die Karte neben dich legen. Alle anderen Karten legst du wieder in die Lernkartei zurück und nimmst dir eine neue Karte.
5. Nach fünf richtigen Antworten hast du es geschafft!

Station 4: Heckentier-Quiz

Kreuze die richtigen Antworten an. Kontrolliere mit einem Partner.

1) Was ist eine Aufgabe der Hecke?
- ◯ Sie bietet Tieren Schutzräume.
- ◯ Sie ist nur zum Spielen da.
- ◯ Hecken sind völlig überflüssig.

2) Was frisst der Igel gern?
- ◯ Regenwürmer.
- ◯ Pilze.
- ◯ Gras.

3) Wo lebt die Erdkröte in der Hecke am liebsten?
- ◯ Ganz oben auf einem Baum.
- ◯ In der Mitte zwischen den Ästen.
- ◯ Auf der feuchten Erde.

4) Wo zieht der Fuchs seine Jungen groß?
- ◯ In einem Nest.
- ◯ Zwischen den Heckensträuchern.
- ◯ In einem Bau.

5) Zu welcher Tageszeit ist die Haselmaus am liebsten unterwegs?
- ◯ Morgens.
- ◯ In der Nacht.
- ◯ Mittags.

6) Was ist ein Haselnussbohrer?
- ◯ Ein Vogel.
- ◯ Eine Fledermaus.
- ◯ Ein Käfer.

7) Wie viele Beine hat ein Käfer?
- ◯ 8.
- ◯ 6.
- ◯ 10.

8) Wer kann eine Haselnussschale aufknabbern?
- ◯ Eine Amsel.
- ◯ Eine Erdkröte.
- ◯ Eine Haselmaus.

9) Welches Tier hält seinen Winterschlaf in der Hecke?
- ◯ Das Rebhuhn.
- ◯ Der Igel.
- ◯ Die Goldammer.

1a, 2a, 3c, 4c, 5b, 6c, 7b, 8c, 9b

Station 5: Paare finden

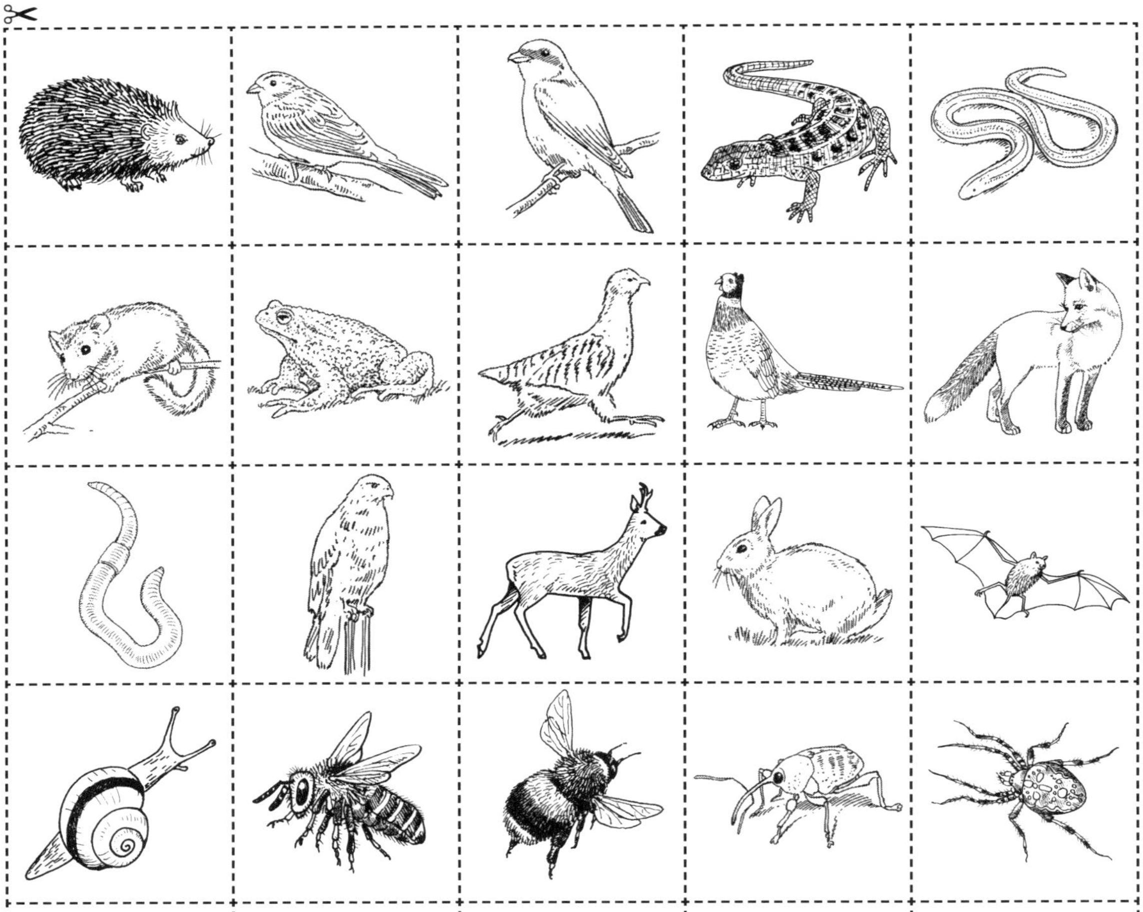

✂

Igel	Goldammer	Neuntöter	Eidechse	Blind- schleiche
Haselmaus	Erdkröte	Rebhuhn	Fasan	Fuchs
Regenwurm	Mäuse- bussard	Reh	Kaninchen	Fledermaus
Schnecke	Biene	Hummel	Haselnuss- bohrer	Spinne

